A LÓGICA DA ECONOMIA

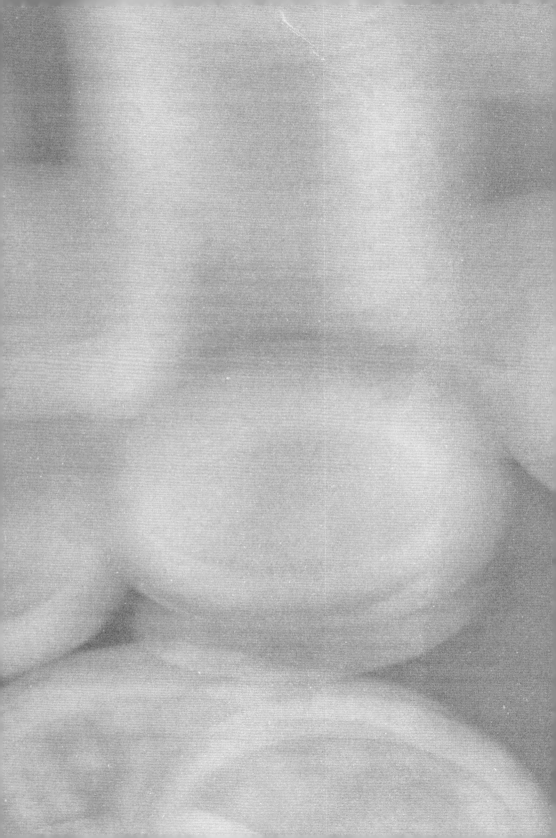

FRÉDÉRIC BASTIAT

A LÓGICA DA ECONOMIA

Ensaios sobre mercado e as leis invisíveis que organizam a sociedade

Este livro contém os seguintes ensaios:
O QUE SE VÊ E O QUE NÃO SE VÊ
O QUE É DINHEIRO? *Estado – Capital e Juro*

Tradução
FÁBIO ALBERTI

COPYRIGHT © FARO EDITORIAL, 2023
COPYRIGHT © CLAUDE FRÉDÉRIC BASTIAT (1801 - 1850)

Todos os direitos reservados.

Avis Rara é um selo da Faro Editorial.

Nenhuma parte deste livro pode ser reproduzida sob quaisquer meios existentes sem autorização por escrito do editor.

Diretor editorial **PEDRO ALMEIDA**
Coordenação editorial **CARLA SACRATO**
Assistente editorial **LETÍCIA CANEVER**
Preparação **ARIADNE MARTINS**
Revisão **JULIANA BORMIO E MARINA MONTREZOL**
Capa e diagramação **OSMANE GARCIA FILHO**
Imagem de capa **MONTRI THIPSORN | SHUTTERSTOCK**

Dados Internacionais de Catalogação na Publicação (CIP)
Jéssica de Oliveira Molinari CRB-8/9852

Bastiat, Frédéric
   A lógica da economia : ensaios de Frédéric Bastiat sobre Mercado e as leis invisíveis que organizam a sociedade / Frédéric Bastiat ; tradução de Fabio Alberti. — São Paulo : Faro Editorial, 2023.
   96 p.

   ISBN 978-65-5957-266-3

   1. Economia I. Título II. Alberti, Fabio

22-7123   CDD 330

Índice para catálogo sistemático:
1. Economia

1ª edição brasileira: 2023
Direitos de edição em língua portuguesa, para o Brasil, adquiridos por FARO EDITORIAL

Avenida Andrômeda, 885 — Sala 310
Alphaville — Barueri — SP — Brasil
CEP: 06473-000
www.faroeditorial.com.br

SUMÁRIO

Apresentação 6

O QUE SE VÊ E O QUE NÃO SE VÊ 9
1. A janela quebrada 10
2. A dispensa das tropas 11
3. Impostos 13
4. Teatro e belas-artes 16
5. Obras públicas 20
6. Os intermediários 21
7. Protecionismo 26
8. Maquinário 29
9. Crédito 33
10. Argélia 35
11. Moderação e luxo 38
12. Quem tem direito ao trabalho tem direito ao lucro 42

ESTADO 44

O QUE É DINHEIRO? 53

CAPITAL E JURO 71
1. Introdução 71
2. Deve o capital render juros? 73
3. O que é capital? 79
4. A saca de milho 80
5. A casa 82
6. A plaina 82
7. Como os juros são regulados? 91

Apresentação

Os quatro ensaios presentes em *A lógica da economia* são uma espécie de manual de sobrevivência no Brasil, país onde a loucura econômica tem passado glorioso e futuro promissor. Embora tenham sido publicados há mais de 150 anos, nesta parte do mundo as ideias que eles refutam impiedosamente ainda são tão perniciosas quanto populares, comprovando sem cessar que Bastiat estava certo. Depois de lê-los, o leitor saberá de antemão qual será a consequência de cada nova medida econômica anunciada pelo governo – e poderá preparar-se com prudência para o desastre. Este livro é imperdível.

Não se deve deduzir da exatidão das lições de Bastiat, porém, que ele seja o economista típico, perdido em jargões impenetráveis e fórmulas matemáticas complexas. Muito antes pelo contrário: a clareza translúcida da didática deste que Joseph Schumpeter qualificou de "o mais brilhante jornalista econômico que já existiu" consiste em retirar a economia do campo das abstrações mirabolantes e conceitos mágicos e trazê-la de volta ao concretismo da vida diária que todos padecemos. Bastiat expõe seus argumentos com exemplos extraídos da vida cotidiana e os termos mais simples possíveis, de modo que só não compreenderá suas lições sobre as consequências invisíveis da imprudência econômica, o verdadeiro papel do Estado, a diferença entre dinheiro e riqueza, a natureza do capital e a justiça dos juros quem não quiser.

O primeiro ensaio do volume, "O que se vê e o que não se vê", apresenta o conceito de custo de oportunidade e a lei das consequências não intencionais, dois clássicos da análise econômica. Sua premissa é uma ideia que a história do Brasil não cansa de ilustrar:

> No âmbito da economia, um ato, um hábito, uma instituição, uma lei geram não apenas um, mas uma série de efeitos. Desses efeitos, somente o primeiro é imediato; ele se manifesta ao mesmo tempo que a sua causa — sendo, assim, visível. Os outros se seguem a esse primeiro — não são visíveis: no máximo, podemos prevê-los. Essa é a grande diferença entre o mau e o bom economista — um leva em consideração o efeito visível; o outro, não só os efeitos que podemos ver como, também, aqueles que é

necessário prever. Na verdade, a diferença é enorme, pois o que ocorre quase sempre é que, quando a consequência imediata é favorável, as que vêm depois são desastrosas, e vice-versa. [...] Não raro, quanto mais doce for o primeiro sabor de um hábito, mais amargas serão as suas consequências.

A partir dessa premissa básica, Bastiat analisa uma série de exemplos em que medidas econômicas têm efeitos imediatos favoráveis seguidos por outros absolutamente desastrosos. É o caso, por exemplo, da cobrança de impostos para a realização dos chamados "programas sociais" que concedem dinheiro do governo a certas pessoas ou famílias. Aparentemente, esses programas são benéficos para a economia, uma vez que os beneficiários gastarão o dinheiro recebido. Isso, ensina Bastiat, é o que se vê. O que não se vê é que é que esse dinheiro foi taxado de alguém que deixou de gastá-lo, com enormes perdas no processo que vai da taxação do contribuinte à recepção do dinheiro pelo beneficiário.

O mesmo se aplica às obras públicas. Ainda há quem acredite que elas movimentam a economia e geram empregos. Entretanto, explica Bastiat, "quando considerar o destino dado pelo Estado aos milhões que foram votados, não se esqueça de levar em conta também o destino que o contribuinte teria dado — mas agora não pode mais dar — ao dinheiro". As obras públicas só injetam na economia, com prejuízo, aquilo que retiraram do contribuinte e que este, portanto, deixou de gastar.

Os brasileiros podem fazer o interessante exercício de acrescentar aos exemplos de Bastiat dezenas de outros casos concretos ocorridos no nosso país. Considere-se, por exemplo, o Plano Cruzado (1986), que congelou preços. O efeito imediato, que se viu, foi uma espécie de prosperidade universal. O efeito seguinte, que só se viu quando o desastre já era fato consumado, foi a falta de produtos básicos, a inflação galopante, a destruição generalizada da economia, a recessão.

O segundo ensaio do livro, "Estado", traz uma arguta meditação sobre esse "personagem misterioso; e sem dúvida é o mais solicitado, o mais atormentado, o mais oprimido, o mais invocado e o mais provocado personagem que existe no mundo". Mas o que é de fato esse ente no qual tudo se projeta e do qual tudo se espera? Nosso autor responde: "[O] Estado é uma grande ficção por meio da qual todos buscam viver à custa de todo mundo". Quem pode acompanhar o noticiário político brasileiro e discordar disso? Mas o desastroso resultado de todos tentarem viver às custas de todo mundo é que todos saem sempre no prejuízo. Pois "algo que nunca foi visto, e jamais será, e nem ao menos concebido, é o Estado devolvendo ao povo mais do que tirou dele". Assim, o Estado "não deve ser outra coisa senão força comum organizada; não deve ser instrumento de opressão e pilhagem mútua entre cidadãos — pelo contrário, deve garantir a cada um o que é seu e cuidar para que a justiça e a segurança reinem".

O terceiro ensaio, "O que é dinheiro?", desfaz um equívoco básico que, espantosamente, ainda aparece todos os dias no debate econômico nacional: a confusão entre dinheiro e riqueza. Riqueza são as coisas úteis que produzimos por meio do trabalho; dinheiro são apenas as cédulas de papel que as simbolizam. Aumentar a quantidade de papel-moeda em circulação, como sugerem tantas mentes insanas do debate público nacional, não aumenta a quantidade de riqueza disponível, apenas diminui o valor do dinheiro, gerando desordem econômica e inflação. A consequência é que

Pessoas sagazes tomarão mais cuidado nas negociações e não se separarão dos seus bens se não receberem em troca deles uma quantidade maior de notas — ou seja, pedirão dez dólares pelo que antes teriam vendido por cinco. As pessoas simples, porém, serão ludibriadas [...] Sob a influência da ignorância e do hábito, o pagamento diário de um trabalhador rural continuará no valor de um dólar, ao passo que todos os artigos de consumo que cercam esse trabalhador terão seu preço de venda aumentado. Ele afundará na privação sem conseguir descobrir por quê.

O quarto ensaio, "Capital e juro", esclarece de uma vez por todas um dos temas econômicos mais controversos até os nossos dias: a natureza do capital e a justiça dos juros, com a conclusão de que "o juro sobre o capital é natural, justo, legítimo e tão útil para o tomador do empréstimo que paga quanto para o credor que recebe". Com grande variedade de exemplos concretos, Bastiat mostra que o juro é apenas uma compensação justa por um empréstimo de capital. Se José, um carpinteiro, empresta a Pedro uma ferramenta por um ano, José deixará de obter o lucro que o emprego dela no seu próprio ofício lhe traria, lucro que agora será obtido por Pedro. Assim, é perfeitamente justo que Pedro, que não tem meios de comprar uma ferramenta, pague a José uma compensação pelo tempo em que este não pôde usar a ferramenta. A essa compensação chamamos juro. Em outras palavras, "o que é juro? É o serviço prestado, após uma negociação livre, pelo tomador de empréstimo ao credor, a título de remuneração pelo serviço que esse tomador obteve em virtude do empréstimo".

Depois de ler *A lógica da economia*, o leitor verá a economia e as discussões econômicas com outros olhos: os de quem tem em mente aquilo que se vê e aquilo que não se vê, sabe o que é o Estado e qual a função dele, tem ciência da diferença entre dinheiro e riqueza, sabe o que o que é capital e juro e por que o juro sobre o capital é justo e benéfico. Então o debate econômico nacional lhe parecerá uma discussão de lunáticos que ainda levam a sério ideias refutadas há mais de 150 anos.

Eduardo Levy

O QUE SE VÊ E O QUE NÃO SE VÊ

No âmbito da economia, um ato, um hábito, uma instituição, uma lei geram não apenas um, mas uma série de efeitos. Desses efeitos, somente o primeiro é imediato; ele se manifesta ao mesmo tempo que a sua causa — sendo, assim, visível. Os outros se seguem a esse primeiro — não são visíveis: no máximo, podemos prevê-los. Essa é a grande diferença entre o mau e o bom economista — um leva em consideração o efeito visível; o outro, não só os efeitos que podemos ver como, também, aqueles que é necessário prever. Na verdade, a diferença é enorme, pois o que ocorre quase sempre é que, quando a consequência imediata é favorável, as que vêm depois são desastrosas, e vice-versa. Disso se depreende que o mau economista se orienta por um pequeno benefício no presente, que no futuro trará um grande mal, ao passo que o economista realmente confiável se orienta por um grande bem no futuro, sob pena de um pequeno dano no presente.

Na realidade, o mesmo se dá na ciência da saúde, das artes e da moral. Não raro, quanto mais doce for o primeiro sabor de um hábito, mais amargas serão as suas consequências. Depravação, indolência, dissipação são exemplos disso. Portanto, quando um homem se concentra no efeito visível, mas ainda sem ter aprendido a discernir os efeitos não visíveis, ele cede a hábitos destrutivos, não apenas por influência, mas também por avaliação.

Isso explica a condição tão cruelmente penosa da humanidade. A ignorância a cerca desde a sua origem: por isso, suas ações são determinadas pelas consequências iniciais, as únicas que consegue ver em seu estágio inicial. Só ao longo do tempo ela aprende a levar em consideração as outras consequências. A experiência é um professor eficiente, porém brutal. Ela nos leva a sentir todos os efeitos de uma ação, tornando-nos assim conscientes desses efeitos; no final, quando nos queimamos, acabamos aprendendo que o fogo queima. Eu gostaria de substituir esse professor rude por outro mais gentil, se possível — a antecipação. Para esse fim, examinarei as consequências de certos fenômenos econômicos, contrapondo os que vemos e os que não vemos.

1. A JANELA QUEBRADA

Várias pessoas testemunharam a raiva do sr. Fulano de Tal, bom e honesto cidadão, quando o seu descuidado filho quebrou o vidro de uma janela. Aqueles que presenciaram essa cena certamente afirmarão que cada um dos espectadores (havia pelo menos trinta), num aparente consenso, dirigiu ao infeliz proprietário tais palavras de consolo: "Há males que vêm para bem. Todos têm de ganhar a vida. O que seria dos vidraceiros se os vidros das janelas jamais se quebrassem?".

Ora, esse tipo de condolência contém toda uma teoria, que nesse caso simples convém expor, já que é precisamente a mesma que infelizmente orienta a maior parte das nossas instituições econômicas. Supondo-se que sejam gastos seis francos para reparar os danos à janela, e que você diga que o acidente resulta em ganho de seis francos para a indústria de vidros — que isso representa um fomento da ordem de seis francos para essa indústria —, eu terei de concordar com isso e não farei nenhuma objeção a respeito; o seu raciocínio estará correto. O vidraceiro é chamado, realiza o seu trabalho, recebe os seus seis francos, esfrega as mãos de satisfação e por dentro agradece à criança descuidada. Isso é o que vemos.

Por outro lado, se você chegar à conclusão (como costuma ocorrer) que quebrar janelas é bom, que isso faz o dinheiro circular e que o fomento à indústria será, de maneira geral, resultado disso, você me obrigará a protestar: "Espere aí! A sua teoria se limita ao que pode ser visto; ela não leva em consideração o que não pode".

O que não pode ser visto é que, quando o nosso bom cidadão Fulano de Tal gasta seis francos numa coisa, ele não pode gastá-los em outra. Não se vê que, se ele não precisasse substituir uma janela, talvez tivesse substituído os seus velhos sapatos ou adquirido outro livro para a sua biblioteca. Em resumo, esse acidente não permitiu que ele usasse os seus seis francos de outra maneira.

Vejamos, então, como essa circunstância afeta a indústria de modo geral. A vidraça é quebrada, e o negócio do vidraceiro é beneficiado com a quantia de seis francos: isso é o que se vê.

Se a janela não tivesse sido quebrada, o negócio do sapateiro (ou algum outro negócio) teria sido beneficiado com a quantia de seis francos: isso é o que não se vê.

E se levarmos em consideração o que não se vê, por ser um fato negativo, assim como o que se vê, por ser um fato positivo, compreenderemos que vidraças, quebradas ou não, não afetam nem a indústria em geral nem a soma total do trabalho nacional.

Voltemos agora nossa atenção para o bom Fulano de Tal. Na primeira suposição — em que a janela é quebrada —, ele gasta seis francos para ter exatamente o que tinha antes, nem mais nem menos: uma janela. Numa segunda suposição, na qual a janela não foi quebrada, ele acabaria gastando seis francos em sapatos e poderia desfrutar de sapatos novos e de sua janela ao mesmo tempo. Ora, como esse bom cidadão é parte da sociedade, devemos concluir que, tudo considerado, e fazendo uma estimativa dos prazeres e dos trabalhos da sociedade, ela perdeu o valor da janela quebrada.

Isso nos leva a uma conclusão inesperada: "A sociedade perde o valor das coisas que são inutilmente destruídas"; e nós teremos de concordar com uma máxima que deixará em pé os cabelos dos protecionistas — quebrar, danificar, desperdiçar não é encorajar o trabalho nacional; ou, mais sucintamente, "destruição não é lucro".

O que dirá a respeito disso o *Moniteur Industriel*? O que dirão vocês, discípulos do bom M. F. Chamans, que calculou com tanta precisão quanto ganharia o comércio com o incêndio de Paris tendo em vista o número de casas que seria preciso reconstruir?

Sinto muito por frustrar esses engenhosos cálculos, já que o seu espírito foi introduzido em nossa legislação; mas eu imploro a ele que faça novamente esses cálculos levando em consideração aquilo que não é visto paralelamente ao que é visto.

O leitor deve atentar para o fato de que não há apenas duas pessoas, mas três envolvidas no pequeno drama que lhe apresentei. Uma delas, Fulano de Tal, representa o consumidor, que, por um ato de destruição, foi reduzido a um bem em vez de dois. Outra, denominada vidraceiro, representa o produtor cujo negócio é beneficiado pelo acidente. A terceira é o sapateiro (ou algum outro comerciante), cujo trabalho acaba sendo relativamente prejudicado pelo mesmo motivo. Essa terceira pessoa, sempre mantida nas sombras, personifica aquilo que não se vê e é por isso um elemento indispensável nesse problema. Ela nos mostra quão absurdo é pensar que um ato de destruição possa significar lucro. E em breve nos mostrará que não é menos absurdo ver lucro numa restrição, que, no final das contas, nada mais é do que uma destruição parcial. Portanto, se formos à raiz de todos os argumentos reunidos em defesa dessa tese, tudo o que encontraremos será a paráfrase dessa ingênua indagação: "O que seria dos vidraceiros se as janelas jamais fossem quebradas?".

2. A DISPENSA DAS TROPAS

O mesmo que acontece a um povo acontece a um homem. Quando alguém deseja obter algum tipo de gratificação, naturalmente considera se vai valer a pena pelo custo com que arcará. Para uma nação, a segurança é a maior das vantagens. Se para garanti-la for necessário ter um exército de 100 mil homens, não terei nada a dizer contra isso. É um benefício obtido mediante sacrifício. Que ninguém se engane quanto ao alcance da minha linha de pensamento. Um membro da assembleia propôs dispensar 100 mil homens a fim de poupar 100 milhões de francos aos contribuintes.

Se nos limitarmos a responder "Os 100 mil homens e os 100 milhões de francos são indispensáveis à segurança nacional: é um sacrifício; mas sem esse sacrifício, a França seria dilacerada por facções ou invadida por forças inimigas", não farei nenhuma objeção a esse argumento, que pode ou não ser verdadeiro, mas que em tese não contém nada que se contraponha à economia. O erro começa quando o próprio sacrifício é considerado uma vantagem porque traz ganho a alguém.

Ora, no instante em que o autor da proposta da dispensa terminar a sua fala e se sentar, outro orador certamente pedirá a palavra e falará: "Dispensar 100 mil homens! Tem ideia do que está dizendo? O que será deles? Onde ganharão a vida? Não sabe que o trabalho está escasso em todos os lugares? Vai mandá-los embora para aumentar a concorrência e atingir os salários? Nesse momento em que a vida está tão difícil, seria mesmo ótimo se o Estado tivesse de providenciar pão para 100 mil indivíduos! Além disso, é preciso levar em conta que o exército consome vinho, armas, roupas — que fomenta a atividade manufatureira nas cidades onde as tropas estão alocadas. E que, para resumir, é a salvação de incontáveis fornecedores. Qualquer um haverá de tremer ante a simples ideia de dar fim a esse colossal estímulo industrial".

Essa questão, evidentemente, é encerrada numa votação que decide pela manutenção de 100 mil soldados, com base em considerações de ordem econômica e no argumento de que o serviço é necessário. Buscarei refutar as considerações relacionadas ao campo da economia.

Cem mil homens, custando 100 milhões ao contribuinte, ganham seu sustento e proporcionam aos comerciantes tudo o que 100 milhões podem proporcionar. Isso é o que se vê.

Contudo, 100 milhões tirados do bolso dos contribuintes são 100 milhões a menos para sustentar esses contribuintes e os seus fornecedores. Isso é o que não se vê. Agora faça os seus cálculos. Some tudo e me diga: qual é o lucro disso para as massas?

Eu lhe direi onde reside a perda; e, para tornar as coisas mais simples, em vez de calcularmos com base em 100 mil homens e 100 milhões, calcularemos com base em um homem e mil francos.

Imagine que estamos na aldeia de A. Enquanto fazem a sua ronda, os sargentos recrutadores escolhem um homem. Os coletores de impostos também fazem a sua ronda e recolhem mil francos. O homem e o dinheiro são levados para Metz, onde, durante um ano, o homem será sustentado por esse dinheiro sem nada fazer. Se considerarmos apenas Metz, isso está correto, a medida é muito vantajosa. Porém, se considerarmos a aldeia de A, pensaremos de modo bem diferente; pois só se fossemos muito cegos não veríamos que a aldeia perdeu um trabalhador e mil francos que remunerariam o seu trabalho, e perdeu também a atividade que se distribuiria pela cidade com o gasto desses mil francos.

Parece haver algum tipo de ajuste à primeira vista. Simplesmente o que aconteceu na aldeia acontece em Metz. Mas a perda deve ser estimada do seguinte modo: na aldeia, o homem trabalhava no campo, era um trabalhador. Em Metz, ele marcha para a esquerda e para a direita, é um soldado. O dinheiro e a circulação são os mesmos nos dois casos; mas em um caso foram trezentos dias de trabalho produtivo, e no outro são trezentos dias de trabalho improdutivo (supondo-se, é claro, que uma parte do exército não seja indispensável à segurança pública).

Suponha agora que a dispensa aconteça. Você me diz que haverá um excedente de 100 mil trabalhadores, que a concorrência será estimulada e pressionará os salários. Isso é o que você vê.

Mas eis o que você não vê: descartar 100 mil soldados não é eliminar 100 milhões de francos, mas devolver esse montante aos pagadores de impostos. Você não vê que colocar 100 mil trabalhadores no mercado é colocar nesse mercado ao mesmo tempo os 100 milhões que pagarão o trabalho deles: que, consequentemente, o mesmo ato que faz aumentar a oferta de mão de obra faz aumentar também a demanda — o que leva a concluir que o medo de queda dos salários é infundado. Você não vê que, antes da dispensa, como também depois dela, havia no país 100 milhões de francos correspondentes a 100 mil homens. Não vê que toda a diferença reside nisto: antes da dispensa, o país deu 100 milhões a 100 mil homens para que não fizessem nada e, depois da dispensa, pagou-lhes a mesma quantia para que trabalhassem. Você não vê, em resumo, que, quando um pagador de impostos dá o seu dinheiro a um soldado em troca de nada, ou a um trabalhador em troca de alguma coisa, todas as consequências posteriores da circulação desse dinheiro são as mesmas nos dois casos — ocorre apenas que, no segundo caso, o pagador de impostos recebe alguma coisa e, no primeiro, ele não recebe nada. O resultado disso é dinheiro da nação jogado fora.

O sofisma que combato aqui sucumbirá ao teste da progressão, que é a pedra de toque dos princípios. Se, feitas todas as compensações e satisfeitos todos os interesses, aumentar o exército fosse útil para toda a nação, por que não alistar toda a população masculina do país?

3. IMPOSTOS

Talvez você já tenha escutado alguém dizer: "Não há melhor investimento do que impostos. Veja quantas famílias são mantidas por meio dos impostos e considere a sintonia que estabelecem com a indústria: são um fluxo inesgotável, são a própria vida".

A fim de combater essa doutrina, devo fazer referência à minha refutação anterior. A economia política não tem argumentos tão divertidos a ponto de nos levar a dizer que sua repetição nos agrada. Por isso ela se convenceu de que as suas repetições ensinam.

As vantagens que os funcionários defendem são as que podem ser vistas. O benefício resultante para os fornecedores ainda não pode ser visto. Isso torna todos cegos.

Porém, as desvantagens que atingem os contribuintes não são vistas. E também não se vê o prejuízo que isso traz aos fornecedores, o que deveria ser evidente por si só.

Quando um funcionário gasta por sua própria conta cem soldos,* isso implica que um contribuinte deixa de gastar um soldo em benefício próprio. Ocorre que a despesa do funcionário é vista, porque o ato é praticado, mas a despesa do contribuinte não é vista — porque ele é impedido de realizá-la!

Talvez você compare a nação a um pedaço de terra seca e o imposto a uma chuva fertilizante. Que seja. Mas você não devia se perguntar onde se encontram as fontes dessa chuva e se não é o próprio imposto que tira a umidade do solo até secá-lo? E também não devia se perguntar se é possível que o solo receba tanta água preciosa da chuva quanto a que perde por evaporação?

Uma coisa é certa: quando entrega cem soldos para o coletor de impostos, Fulano de Tal não recebe nada em troca. Depois, quando um funcionário público gasta esses cem soldos e os devolve a Fulano de Tal, é em troca de um valor equivalente em trigo ou em trabalho. O resultado final para Fulano de Tal é a perda de cinco francos.

É bem verdade que, com frequência, e talvez até com muita frequência, o servidor público presta a Fulano de Tal um serviço equivalente. Nesse caso, nenhum dos dois lados perde; ocorre somente uma troca. Portanto, os meus argumentos não se aplicam a funcionários úteis. Em outras palavras: se você deseja criar um gabinete, prove que terá utilidade. Prove que o valor desse serviço para Fulano de Tal equivale ao custo que traz a ele. Porém, essa utilidade intrínseca já basta como justificativa. Não apresente como argumento o benefício que confere ao funcionário, à sua família e aos seus fornecedores; não afirme que favorece o trabalho.

Quando Fulano de Tal dá cem soldos a um funcionário do governo por um serviço realmente útil, é exatamente como se ele desse cem soldos a um sapateiro por um par de sapatos.

Mas quando Fulano de Tal dá cem soldos a um funcionário do governo e não recebe nada em troca desse dinheiro — nada exceto aborrecimentos —, é como se entregasse esses cem soldos a um ladrão. Não faz sentido afirmar que o funcionário público gastará esses cem soldos visando beneficiar o trabalho nacional: o ladrão faria o mesmo, e Fulano de Tal também o faria, se não tivesse sido abordado na estrada pelo parasita fora da lei nem pelo sanguessuga legal.

Acostumemo-nos, pois, a julgar as coisas não somente pelo que se vê, mas também pelo que não se vê. No ano passado, fiz parte da Comissão de Finanças, pois no distrito eleitoral os membros da oposição não foram excluídos sistematicamente de todas as comissões: nisso o distrito agiu com sabedoria. Ouvimos o sr. Thiers dizer: "Passei a vida fazendo oposição ao partido legitimista e ao partido da Igreja. Desde que o perigo comum nos aproximou, agora que falamos cara a cara e que passei a conhecê-los, descobri que eles não são os monstros que eu imaginava que fossem".

---

* Um soldo equivale a cinco centavos de franco.

Sim, a desconfiança é exagerada e o ódio costuma ser alimentado entre partidos que jamais se misturam; e se a maioria permitisse que a minoria participasse das Comissões, talvez se descobrisse que as ideias em lados opostos têm pontos em comum — e, principalmente, que suas intenções não são tão perversas como se acreditava. De qualquer maneira, no ano passado integrei a Comissão de Finanças. Sempre que um dos nossos colegas falava em estabelecer valores moderados para o custeio do presidente da República, dos ministros e dos embaixadores, a resposta era a seguinte: "Para o bom andamento do serviço, é necessário que certas funções se cerquem de magnificência e dignidade, a fim de atrair homens de mérito. Um grande número de pessoas desafortunadas faz apelos e solicitações ao presidente, e obrigá-lo a esquivar-se constantemente dessas pessoas seria colocá-lo numa situação muito penosa. Manter um certo estilo nos salões ministeriais é praxe nos governos constitucionais".

Embora pareçam controversos, esses argumentos sem dúvida merecem um exame sério. Eles se baseiam no interesse público, bem ou mal avaliado. Quanto a mim, tenho muito mais respeito por eles do que têm vários dos nossos Catões,* que são movidos por um espírito tacanho de mesquinhez ou de inveja. Mas quando essa absurda relíquia do feudalismo não apenas é trazida à baila (o que muitas vezes ocorre), como também é bem recebida, isso causa revolta à parte da minha consciência que avalia as relações econômicas, e me faz corar de vergonha em virtude do renome intelectual de que goza o meu país:

"Além disso, cercar de luxo os altos funcionários do governo estimula as artes, a indústria e o trabalho. Quando o chefe de Estado e os seus ministros promovem banquetes e bailes, eles fazem a vida correr pelas veias do corpo social. Reduzir os seus recursos mataria a indústria parisiense e, consequentemente, a indústria em toda a nação."

Eu lhes imploro, senhores, que respeitem ao menos um pouco a aritmética; e que não digam diante da Assembleia Nacional da França — que talvez concorde com vocês, para a sua vergonha — que uma soma pode ter um resultado se a operação for feita de baixo para cima da coluna, e outro resultado diferente se for feita de cima para baixo.

Suponhamos, por exemplo, que eu queira contratar um trabalhador para fazer uma fossa em meu campo por cem soldos. Assim que fechamos nosso acordo, o coletor de impostos aparece, leva meus cem soldos e os envia ao ministro do Interior. O meu acordo com o trabalhador está cancelado, mas o ministro terá mais um prato em sua mesa. Com base em que se atrevem a alegar que essa despesa oficial beneficia a indústria nacional? Não veem que nisso só há uma inversão da satisfação e do trabalho? A mesa de um ministro foi mais bem servida, é verdade, mas também é verdade que o campo de um agricultor acabou ficando sem drenagem. Algum dono de taverna parisiense ganhou cem soldos, eu admito; mas, então, admitam também que um trabalhador

---

* Referência ao estadista e orador romano Catão (234 a.C.-149 a.C.).

foi impedido de ganhar cem soldos. Eis como ficaram as coisas: o servidor público e o taverneiro obtiveram satisfação — isso é o que se vê. Já o campo sem drenagem e um trabalhador privado do seu trabalho — isso é o que não se vê. Mas pobre de mim! Que dificuldade enorme para provar que dois mais dois são quatro; e quando você consegue provar isso, dizem "Isso é tão claro que chega a entediar", e votam como se nada tivesse sido provado.

4. TEATRO E BELAS-ARTES

O Estado deve dar respaldo às artes?

    Há certamente muito de positivo e de negativo a ser dito a respeito do assunto. Como argumentos favoráveis ao apoio às artes, pode-se afirmar que elas engrandecem, elevam e harmonizam a alma de uma nação; que fornecem distração às pessoas, ajudando-as a se afastarem um pouco das ocupações cotidianas; que estimulam o amor ao belo e têm, assim, influência benéfica sobre os costumes, a moral e até mesmo sobre a indústria de um país. O que seria da música na França sem o teatro italiano e sem o conservatório? O que seria da arte dramática sem o Théâtre-Français? E o que seria da pintura e da escultura sem as nossas coleções, galerias e museus? São perguntas bastante cabíveis. E caberia também perguntar se sem centralização, e, portanto, sem apoio às belas-artes, nós teríamos desenvolvido o gosto sofisticado que é o nobre apanágio do trabalho francês, aplaudido no mundo inteiro por suas produções. Diante de semelhantes resultados, não seria uma absurda imprudência renunciar a essa modesta contribuição de todos os cidadãos franceses, aos quais a arte confere glória e superioridade sobre toda a Europa?

    A essas e a muitas outras razões, cuja força eu não nego, contrapõem-se argumentos não menos eficazes. Para começar, é possível dizer que há nisso uma questão de justiça distributiva. O legislador tem poder para reduzir o salário do artesão a fim de aumentar os ganhos do artista? O sr. Lamartine disse: "Se deixarmos de apoiar o teatro, aonde iremos parar? Não seremos também levados necessariamente a retirar nosso apoio das faculdades, dos museus, dos institutos, das bibliotecas?". Isso pode ser respondido do seguinte modo: se nós decidirmos dar apoio a tudo o que é bom e útil, aonde iremos parar? Não seremos necessariamente levados a elaborar uma lista civil para agricultura, indústria, comércio, obras de caráter social, educação? Acha então certo que a subvenção governamental favoreça o progresso da arte? Ainda há muito que se discutir a respeito disso, e podemos ver claramente que os teatros que prosperam são aqueles que contam com os seus próprios recursos. Além disso, se nos aprofundarmos em nossas considerações, perceberemos que necessidades e desejos nascem um do outro e se originam em regiões que se tornam mais refinadas à medida que a riqueza pública possibilita a satisfação dessas necessidades. Perceberemos ainda que o governo não deve interferir nessa dinâmica, pois não poderia, recorrendo a impostos, incentivar as artes da necessidade sem barrar as do luxo, interrompendo assim o curso natural da civilização. É possível observar que essas transposições artificiais de desejos, gostos, trabalho e população deixam as pessoas em situação precária e perigosa, sem nenhuma base sólida.

Esses são alguns dos argumentos utilizados pelos que se opõem à intervenção do Estado no que diz respeito ao modo de satisfazer as necessidades e os desejos dos cidadãos, direção para a qual consequentemente as ações do Estado se voltariam. Confesso que sou daqueles que pensam que a escolha e o impulso devem vir de baixo e não de cima — do cidadão e não do legislador. Parece-me que o pensamento contrário tende à destruição da liberdade e da dignidade humanas.

Porém, por uma dedução tão falsa quanto injusta, quando os economistas desaprovam algum apoio do governo, eles são acusados de desaprovarem a própria área cuja subvenção está em discussão. E nos acusam de sermos inimigos de todo tipo de atividade, porque, por um lado, desejamos ver essas atividades livres e, por outro, desejamos que busquem nelas mesmas o seu próprio sustento. Seguindo esse raciocínio, se acreditamos que o Estado não deve interferir com subsídios em questões religiosas, somos ateístas. Se acreditamos que o Estado não deve interferir com subsídios na área da educação, somos hostis ao conhecimento. Se argumentamos que o Estado não deve conferir por meio de subsídio um valor fictício à terra nem a nenhum ramo particular da indústria, somos inimigos da propriedade e do trabalho. Se acreditamos que o Estado não deve financiar artistas, somos bárbaros e consideramos as artes inúteis.

Eu protesto com todas as minhas forças contra conclusões como essas. Longe de dar acolhimento à absurda ideia de acabar com a religião, a educação, a propriedade, o trabalho e as artes, quando afirmamos que o Estado deve resguardar o livre desenvolvimento de todas essas atividades humanas sem fornecer ajuda a algumas delas em prejuízo de outras, nós estamos afirmando que todas essas forças vivas da sociedade se desenvolveriam de maneira mais harmoniosa sob a influência da liberdade e que, sob tal influência, nenhuma delas seria (como ocorre agora) fonte de problemas, abusos, tirania e desordem.

Nossos adversários acreditam que uma atividade que não é subvencionada nem regulamentada pelo governo é uma atividade malograda. Nós acreditamos exatamente no contrário. Eles depositam sua fé no legislador, não na humanidade; nós depositamos a nossa fé na humanidade, não no legislador.

Então o sr. Lamartine argumentou: "Segundo esse princípio, nós devemos abolir as exposições públicas, que são a honra e a riqueza desse país". Mas eu diria ao sr. Lamartine o seguinte: no seu entender, não apoiar é o mesmo que abolir — porque, baseando-se na máxima de que nada existe independentemente da vontade do Estado, você conclui que nada vive a não ser que receba vida do Estado. Mas eu oponho a essa argumentação o próprio exemplo escolhido por você, e peço com veemência que observe que a mais grandiosa e nobre das exposições, que foi concebida no espírito mais liberal e universal — e até mesmo humanitário, pois não seria exagerado usar tal palavra —, é a exposição que está em preparação agora em Londres.* É a única exposição na qual nenhum governo está envolvido de nenhuma maneira e que não é paga com dinheiro de impostos.

Retornemos às belas-artes. Existem, eu insisto, muitas razões de peso tanto para defender o sistema de auxílio governamental quanto para fazer oposição a esse sistema. O leitor deve compreender que o objetivo deste trabalho não me permite explicar tais razões nem decidir a favor ou contra elas.

Porém, o sr. Lamartine teceu um argumento ao qual não posso deixar de responder, pois está muito ligado a este estudo de caráter econômico. Ele declarou: "No que toca aos teatros, a questão econômica se resume em uma palavra: trabalho. Pouco importa qual seja a natureza desse trabalho: é um trabalho tão útil e produtivo quanto outro qualquer na nação. Você sabe que os teatros na França alimentam e remuneram pelo menos 80 mil trabalhadores de todo tipo — pintores, pedreiros, decoradores, costureiros, arquitetos —, que constituem a própria vida e o movimento de várias partes dessa capital; por isso devem ter a simpatia de vocês". A simpatia de vocês! Querem é o dinheiro de vocês.

E ele disse mais: "Os prazeres de Paris são o trabalho e o consumo das províncias, e os luxos dos ricos são os salários e o pão de 200 mil trabalhadores de todos os tipos, que vivem da complexa indústria dos teatros em toda a república e que retiram desses nobres prazeres — prazeres que glorificam a França — o seu sustento, os recursos com que satisfazem as necessidades de suas famílias e filhos. É para eles que serão dados esses 60 mil francos". (Muitos aplausos soam nesse momento. "Muito bem, muito bem", gritam.) Quanto a mim, sou forçado a dizer: "Muito ruim! Ruim demais!", mantendo minha opinião, evidentemente, dentro dos limites da questão econômica em discussão.

Sim, desses 60 mil francos, pelo menos uma parte se destinará aos trabalhadores dos teatros; talvez alguns subornos pelo caminho acabem reduzindo essa quantia. Na verdade, se examinássemos os acontecimentos um pouco mais de perto, talvez descobríssemos que o bolo foi enviado a outra mesa que não a dos trabalhadores, que terão sorte se ficarem com algumas migalhas. Para levar adiante a argumentação, porém, vou considerar que o montante vá todo para os pintores, decoradores etc.

Isso é o que se vê. Mas de onde vem esse montante? Esse é o outro lado da questão e é tão importante quanto o primeiro. De onde saíram esses 60 mil francos? E para onde iria esse dinheiro se o Poder Legislativo não decidisse que seria enviado primeiro para

---

* Trata-se da Grande Exposição de 1851, em Londres. Foi a primeira exposição internacional da indústria.

a rua Rivoli e depois para a rua Grenelle? Isso é o que não se vê. É certo que ninguém pensará em alegar que o voto legislativo fez esse valor nascer do nada dentro de uma urna. Ninguém alegará que se trata somente de uma contribuição para a riqueza nacional. Ninguém há de alegar que sem esse voto milagroso esses 60 mil francos não teriam se materializado e ficariam invisíveis para sempre. Deve-se admitir que tudo o que a maioria pode fazer é decidir que o dinheiro seja tirado de determinado lugar e enviado a outro; e, se ele toma uma direção, é somente porque foi desviado de outra.

Nessas condições, é evidente que o pagador de impostos, que contribuiu com um franco, não terá mais esse franco à sua disposição. É claro que ele nada receberá em troca do franco que entregou; e o trabalhador que teria recebido esse dinheiro, seja ele quem for, ficará privado de um benefício nesse valor. Portanto, não vamos nos deixar enganar pela ilusão infantil de acreditar que o voto dos 60 mil francos acrescentará algo de valoroso ao bem-estar da nação e ao trabalho nacional. Isso desloca prazeres, muda salários de lugar — e só.

Alguém poderia argumentar que um tipo de satisfação e um tipo de trabalho substituem as satisfações e os trabalhos mais necessários, mais morais, mais razoáveis? Eu contestaria isso. Eu diria que tirar 60 mil francos dos contribuintes é diminuir o salário de trabalhadores, carpinteiros, ferreiros etc. e aumentar proporcionalmente o salário dos cantores.

Não há motivo algum para que essa última classe exija mais compreensão do que a outra classe de trabalhadores. O sr. Lamartine não acredita nisso. Ele mesmo afirma que o trabalho nos teatros é tão útil, tão produtivo quanto qualquer outro (não mais). Mas isso pode ser colocado em dúvida, pois a melhor prova de que esse trabalho nos teatros não é tão útil quanto o outro está justamente no fato de que esse outro é chamado a socorrê-lo.

Mas essa comparação entre o valor e o mérito intrínseco de tipos diferentes de trabalho não faz parte do assunto de que estou tratando. Tudo o que preciso fazer aqui é mostrar que se o sr. Lamartine e as pessoas que aplaudem a sua linha de argumentação viram os salários ganhos pelos fornecedores dos comediantes, deveriam ter visto também os salários perdidos pelos fornecedores dos contribuintes, mas não viram, não se deram conta disso e acabaram se expondo ao ridículo por confundirem transferência com ganho. Se levassem a sua doutrina realmente a sério, suas demandas por auxílio do governo seriam ilimitadas — porque o que é válido para um franco e para 60 mil francos é também válido, em circunstâncias semelhantes, para 100 milhões de francos.

Quando o objeto da nossa discussão forem os impostos, devemos provar a sua utilidade com base em razões que estejam na raiz da questão, não disparando afirmações infelizes como "os gastos públicos são o sustento das classes trabalhadoras". Essa afirmação mascara o importante fato de que as despesas públicas sempre substituem as despesas privadas e que, em consequência disso, trazemos sustento a um trabalhador em lugar de outro, porém nada acrescentamos à classe trabalhadora como um todo. Esses argumentos podem fazer sucesso, mas são tão absurdos que não podem ser justificados por nada que se assemelhe à razão ou à sensatez.

5. OBRAS PÚBLICAS

Nada é mais natural do que uma nação, depois de reconhecer que determinado empreendimento beneficiará a comunidade, fazer com que seja executado mediante tributação geral. Mas confesso que perco a paciência quando ouço, em apoio a tais projetos, esta estupidez em matéria de economia: "E ainda será uma maneira de gerar ocupação para os trabalhadores".

O Estado abre uma estrada, ergue um palácio, estabiliza uma rua, constrói um canal, e desse modo traz trabalho a determinado número de pessoas — isso é o que se vê. Por outro lado, priva outras pessoas de trabalho — e isso é o que não se vê.

A estrada começa a ser construída. Mil trabalhadores chegam todas as manhãs, vão embora todas as noites e recebem o seu pagamento — isso é certo. Se a construção da estrada não tivesse sido ordenada, se os recursos para isso não tivessem sido votados, essa boa gente não teria esse trabalho nem esse salário; isso também é certo.

Mas isso é tudo? Não há nada mais na operação como um todo? No momento em que o sr. Dupin* pronuncia enfaticamente as palavras "A Assembleia aprovou", milhões de francos descem num raio de luar diretamente para os cofres do sr. Fould e do sr. Bineau?** Para que o processo se complete de maneira perfeita, o Estado não deve organizar tanto as receitas como os gastos? Não deve obrigar os seus coletores de impostos e contribuintes a trabalhar, os primeiros recolhendo e os últimos pagando?

Avalie agora os dois lados da questão. Quando considerar o destino dado pelo Estado aos milhões que foram votados, não se esqueça de levar em conta também o destino que o contribuinte teria dado — mas agora não pode mais dar — ao dinheiro. Então você entenderá que um empreendimento público é uma moeda de dois lados. Em um lado está gravado um trabalhador em atividade (o que se vê); e, no outro, um trabalhador desempregado (o que não se vê).

O sofisma que pretendo aqui refutar é ainda mais perigoso quando aplicado a obras públicas, na medida em que é usado para dar justificativa aos empreendimentos e extravagâncias mais arbitrários. Quando a construção de uma ferrovia ou de uma ponte é realmente necessária, basta mencionar essa necessidade. Mas se não existe tal

---

* Barão Pierre Charles François Dupin, matemático, engenheiro e economista francês. Teve carreira política e, em 1852, foi eleito para o Senado.
** Jean Martial Bineau, ministro das Finanças em 1852; Achille Fould, político e financista.

necessidade, o que fazer? Ora, basta recorrer a este embuste: "É preciso encontrar trabalho para os trabalhadores".

Nesse sentido, ordena-se que os canteiros do Champ-de-Mars sejam feitos e desfeitos. Dizem que o grande Napoleão considerava muito filantrópico mandar fazerem valas e depois encherem-nas de terra. Ele declarou: "Que importância tem o resultado? Tudo o que queremos é que a riqueza se espalhe pelas classes trabalhadoras".

Vamos diretamente ao centro da questão. O dinheiro nos engana. Pedir colaboração em dinheiro de todos os cidadãos numa obra comum é na verdade pedir sua ajuda em espécie, porque cada um deles conquista com seu próprio trabalho o montante sobre o qual recai o imposto. Ora, se todos os cidadãos fossem chamados a realizar conjuntamente um trabalho útil a todos, isso seria compreendido com facilidade; o seu pagamento seria obtido nos resultados do próprio trabalho. Depois de reunidos, porém, seria absurdo se os obrigassem — com o pretexto de lhes dar trabalho — a construir estradas pelas quais ninguém passaria ou palácios nos quais ninguém moraria. Eles teriam o direito de argumentar: "Com esse trabalho não chegamos a lugar nenhum. Preferimos trabalhar por conta própria".

O procedimento de levar cidadãos a cooperarem dando dinheiro, mas não trabalho, não modifica em nada os resultados gerais. Ocorre apenas que a perda recairia sobre todas as partes se fosse pelo trabalho. Pelo dinheiro, os que são empregados pelo Estado se livram da sua parcela de perda, adicionando-a à perda que os seus concidadãos já sofreram.

Segundo um artigo da nossa Constituição, "A sociedade favorece e encoraja o desenvolvimento do trabalho — pela implantação de obras públicas, pelo Estado, pelos departamentos e pelas paróquias, como meio de empregar pessoas que necessitam de trabalho".

Como medida temporária, em caso de emergência, durante um inverno rigoroso, essa interferência dos contribuintes pode ser útil. Ela funciona como um seguro. Não acrescenta nem ao trabalho nem aos salários, mas tira do trabalho e dos salários em tempos amenos para distribuí-los (mesmo com perda) em tempos difíceis.

Como medida permanente, geral, sistemática, isso não passa de uma mistificação destrutiva, que exibe um pouco de trabalho frenético (o que se vê) e oculta muito trabalho vedado (o que não se vê).

6. OS INTERMEDIÁRIOS

A sociedade é o conjunto dos serviços obrigatórios ou voluntários que os homens prestam uns aos outros; em outras palavras, dos serviços públicos e dos serviços privados.

Os serviços públicos, impostos e regulamentados pela lei (que nem sempre é fácil modificar, mesmo quando isso é conveniente), com a lei podem perdurar por muito tempo, permanecendo mesmo depois de perderem a sua utilidade e ainda preservando a denominação de serviços públicos, embora já não tenham mais absolutamente nada de serviços públicos (apenas de prejuízos públicos). Já os serviços privados pertencem ao campo da vontade, da responsabilidade individual. Cada pessoa dá e recebe aquilo que deseja, e aquilo que pode, após o devido pagamento. Eles sempre contam com a estimativa da utilidade real, na exata proporção do seu valor comparativo.

É por esse motivo que os serviços públicos se tornam estagnados com tanta frequência, enquanto os serviços privados seguem a lei do progresso.

Enquanto o desenvolvimento exagerado dos serviços públicos, por meio do desperdício de forças que envolve, impõe à sociedade uma adulação fatal, chama a atenção que vários movimentos modernos vinculem esse vício aos serviços livres e privados e se empenhem em transformar profissões em funções.

Esses movimentos opõem-se violentamente ao que chamam de intermediários. Eliminariam com satisfação as figuras do capitalista, do banqueiro, do especulador, do promotor, do comerciante e do investidor, acusando-os de se colocarem entre a produção e o consumo para extorquir de ambos os lados sem oferecer nada em troca. Melhor ainda, transfeririam para o Estado o trabalho que realizam, pois não podem deste prescindir.

A essa altura, o sofisma dos socialistas é mostrar ao público o que se paga aos intermediários pelos serviços que estes oferecem, e esconder desse público o que é necessário pagar ao Estado. Eis o habitual conflito entre o que está claramente diante dos nossos olhos e o que só a mente percebe — o conflito entre o que se vê e o que não se vê.

Foi nos tempos de escassez de 1847 que as escolas socialistas tentaram e conseguiram popularizar a sua teoria venenosa. Elas sabiam muito bem que os conceitos mais absurdos podem seduzir pessoas que sofrem. A fome é má conselheira.

Assim, com a ajuda de palavras refinadas — "exploração do homem pelo homem", "especulação à custa da fome", "monopólio" —, essas escolas começaram a denegrir o comércio e a ignorar os seus benefícios.

"De que serve", alegam esses movimentos, "deixar aos mercadores a responsabilidade de importar alimentos dos Estados Unidos e da Crimeia? Por que os Estados, os distritos e as cidades não organizam um serviço de fornecimento e um depósito para estoques? Venderiam a um preço justo, e o pobre povo infeliz se livraria do tributo que paga ao livre comércio, esse comércio ganancioso, egoísta e anárquico."

O tributo que o povo paga ao comércio é o que se vê. O tributo que no sistema socialista o povo paga ao Estado, ou aos seus agentes, é o que não se vê.

O que é esse pretenso tributo que o povo paga ao comércio? É isto: duas pessoas que prestam uma à outra um serviço mútuo, com plena liberdade e sob a pressão da concorrência e da redução de preços.

Quando o estômago vazio está em Paris e o milho que pode satisfazê-lo está em Odessa, o sofrimento não cessa até que o milho e o estômago se encontrem. Esse contato pode se realizar de três modos: os famintos podem ir buscar o milho. Ou podem transferir essa tarefa para quem saiba executá-la. Por último, podem juntar seu dinheiro e entregar a tarefa a funcionários públicos. Qual dessas três alternativas é a mais vantajosa? Em todas as épocas, em todos os países, quanto mais livres, esclarecidos e experientes eram as pessoas, mais elas escolhiam a segunda alternativa. Considero isso suficiente para que essa escolha se justifique. Não consigo acreditar que toda a humanidade esteja se iludindo a respeito de algo que lhe é tão importante. Mas vamos agora examinar a questão.

Trinta e seis milhões de cidadãos não iriam buscar o milho desejado em Odessa; isso é evidentemente impossível. Sendo assim, a primeira alternativa está descartada. Os consumidores não podem agir por conta própria. Precisam obrigatoriamente recorrer a intermediários, funcionários ou agentes.

Note, porém, que a primeira dessas três alternativas seria a mais natural. Na verdade, o homem faminto tem de sair em busca do seu milho. É uma tarefa que compete a ele, uma obrigação sua. Se por um motivo qualquer outra pessoa realiza esse serviço em seu lugar, se toma essa tarefa para si, essa pessoa tem direito a uma compensação. Quero mostrar com isso que os intermediários trazem em si mesmos o princípio da remuneração.

De qualquer maneira, fazendo referência àqueles que os socialistas chamam de parasitas, pergunto: qual dos dois é o parasita mais exigente, o comerciante ou o funcionário público?

O comércio (livre comércio, é claro, caso contrário eu não poderia avaliá-lo) é por seu próprio interesse levado a estudar as estações, a dar informações diárias sobre a situação das safras, a receber informações de todas as partes do mundo, a antecipar necessidades, a tomar providências de antemão. Tem sempre navios preparados, e correspondentes em todos os lugares. Seu interesse intrínseco é comprar pelo menor preço possível, economizar em todos os detalhes das suas operações e alcançar os melhores resultados com o menor esforço. Os comerciantes franceses não são os únicos que se ocupam de buscar provisões para a França em períodos de necessidade, e se o seu interesse os leva de forma irresistível a executar seu trabalho ao menor custo possível, a concorrência que eles estabelecem entre si chega não menos irresistivelmente aos consumidores, que acabam participando dos ganhos proporcionados pela economia obtida. O milho chega: é do interesse do comércio vendê-lo o mais rapidamente possível, a fim de evitar riscos, capitalizar-se e recomeçar na primeira oportunidade.

Orientado pela comparação de preços, distribui alimentos por todas as áreas do país, começando sempre pelo preço mais alto, isto é, nos lugares em que há maior demanda. É impossível imaginar uma organização mais perfeitamente planejada para satisfazer os interesses de pessoas necessitadas — e a beleza dessa organização, que os socialistas não são capazes de perceber, é resultado da sua liberdade. É bem verdade que o consumidor tem de reembolsar o comércio pelas despesas de transporte, frete, armazenagem, encargos etc.; mas pode existir um sistema por meio do qual quem coma o trigo não precise arcar com as despesas necessárias para ter o trigo ao seu alcance? O pagamento pelo serviço realizado também deve ser efetuado. Quanto ao seu valor, ele é reduzido ao mínimo possível pela concorrência; quanto à sua justiça, seria bastante estranho que os comerciantes de Paris não trabalhassem para os artesãos de Marselha, já que os comerciantes de Marselha trabalham para os artesãos de Paris.

Se a fantasia socialista se concretizasse, e o Estado substituísse o comércio, o que aconteceria? Gostaria que me informassem onde recairia a economia para o cidadão. No preço de compra, talvez? Pense nos representantes de 40 mil municípios chegando a Odessa em um determinado dia, justamente numa época de grande necessidade: imagine o impacto sobre os preços. Ou será que a economia se daria nas despesas? Seriam necessários menos navios? Menos marinheiros? Menos transportes, menos corvetas? Ou haveria isenção do pagamento de tudo isso? A economia estaria nos lucros dos comerciantes? Seus funcionários viajariam a Odessa por nada? Viajariam e trabalhariam apenas pelo espírito de fraternidade? Eles não precisam viver? Não devem ser pagos por seu tempo? E quem pode acreditar que essas despesas não seriam mil vezes maiores que os 2% ou 3% ganhos pelo comerciante, de acordo com a proporção com a qual ele estivesse pronto a negociar?

Considere ainda como seria difícil cobrar tantos impostos e dividir tanta comida. Pense na injustiça, nos abusos inerentes a semelhante empreendimento. Pense na responsabilidade que recairia sobre o governo.

Os socialistas que inventaram esses disparates e as introduziram na mente das massas em dias de penúria literalmente se apossaram do título de inovadores — e há perigo nisso, pois o costume, esse tirano das línguas, sanciona o termo e o sentimento nele embutido. Inovador! Isso supõe que esses senhores são capazes de enxergar mais longe que as pessoas comuns; que seu único defeito é estarem tão à frente do seu tempo; e que se alguns serviços livres — parasitas, no entender dessa gente — ainda não foram eliminados, a culpa por isso tem de ser atribuída ao povo, que ainda não aceitou o socialismo. Eu digo, guiado por minha alma e minha consciência, que a verdade é justamente o oposto disso — e não sei a que época de barbárie teríamos de retornar se afundássemos ao nível do conhecimento socialista acerca dessa questão. Esses fanáticos modernos não consideram a sociedade real uma associação, uma entidade. Eles desprezam o fato de que a sociedade, livre de regulamentação, é uma verdadeira associação, muito superior a qualquer associação que porventura brote da imaginação fértil dessa gente.

Vou me valer de um exemplo para tornar mais claro o que acabei de expor. Antes que um homem vista uma roupa depois de acordar e se levantar pela manhã, o solo deve ter sido cercado, desmatado, drenado, trabalhado e semeado com um tipo particular de planta. Os rebanhos devem ter recebido alimentação, e sua lã deve ter sido retirada;

essa lã deve ter sido fiada, tingida e transformada em tecido; esse tecido deve ter sido cortado e costurado a fim de se tornar uma peça de roupa. E essa série de operações pressupõe várias outras — sugere o uso de instrumentos para arar, currais, galpões, maquinário, combustível, carruagens etc.

Se a sociedade não fosse uma associação perfeitamente real, uma pessoa que precisasse de uma roupa estaria presa à necessidade de trabalhar só — ou seja, de realizar ela mesma, sozinha, as incontáveis etapas de uma série de operações, desde o primeiro golpe de enxada até o derradeiro ponto que conclui o trabalho. Mas graças à sociabilidade, que é a marca distintiva da nossa raça, essas operações são distribuídas entre uma multidão de trabalhadores. E para o bem comum são também subdivididas, de tal forma que com o crescimento do consumo uma única operação pode sustentar um novo ramo de negócios.

A isso se segue então a divisão dos lucros, que ocorre de acordo com o valor correspondente ao que cada um trouxe para o todo do trabalho. Se isso não for associação, eu gostaria de saber o que é.

Observe que, uma vez que nenhum desses trabalhadores obtém coisa alguma a partir do nada, eles precisam executar serviços uns para os outros e se ajudar mutuamente em prol de um objetivo comum; observe também que todos podem ser considerados intermediários uns dos outros. Por exemplo: se ao longo da operação o transporte se torna importante o bastante para ocupar uma pessoa, a fiação outra e a tecelagem outra ainda, por que a primeira pessoa deveria ser considerada mais parasita que as outras duas? Afinal, o transporte tem de ser feito. Quem realiza esse trabalho não dedica a ele tempo e preocupação? E fazendo isso não poupa os seus colegas de terem de fazê-lo? E esses colegas não se encarregam de outra atividade no lugar dele? Não dependem igualmente de remuneração, isto é, da divisão da produção, pela lei do preço combinado? Não é com plena liberdade, para o bem comum, que essa separação do trabalho é feita e que esse sistema é elaborado? De que nos serve então um socialista que, sob o pretexto de organizar tudo para nós, chega despoticamente para desfazer os arranjos que livremente pensamos e elaboramos, para frear a divisão do trabalho, substituir esforços isolados por esforços combinados e arrastar a civilização para trás? A associação aqui já descrita por mim por acaso é menos associação porque todos têm liberdade para entrar e sair dela, para escolher sua posição nela, para julgar e negociar por si mesmos sob sua própria responsabilidade e para trazer consigo motivação e a certeza do interesse pessoal? Para que mereça o nome de associação é preciso que um suposto reformador apareça e nos imponha o seu esquema e a sua vontade e, digamos assim, abarque a humanidade em si mesmo?

Quanto mais analisamos essas escolas modernas, mais nos convencemos de que na raiz delas não existe nada além de ignorância proclamando-se infalível e voltando-se para o despotismo em nome desse infalibilidade.

O leitor há de perdoar essa digressão. Talvez ela até seja útil num momento em que há discursos ameaçando seriamente a liberdade de trabalho e as transações comerciais — discursos que saltaram das páginas dos livros de Saint-Simonian, dos falansterianos e dos icarianos para ganharem a imprensa e a tribuna.

7. PROTECIONISMO

O sr. Protecionísio (quem cunhou esse nome foi o sr. Charles Dupin, não eu) dedicou tempo e capital para transformar em ferro o minério encontrado em suas terras. Como a natureza foi mais generosa com os belgas, eles forneceram aos franceses ferro mais barato que o do sr. Protecionísio. Isso significava que todos os franceses, ou a França, poderiam obter determinada quantidade de ferro com menos trabalho comprando-o dos honestos flamengos. Desse modo, levados por seu próprio interesse, os compradores não hesitaram: todos os dias, negociantes de ferragem, ferreiros, fabricantes de carroças, mecânicos, ferradores e trabalhadores iam em grande número abastecer-se na Bélgica (eles mesmos iam ou então enviavam intermediários). O sr. Protecionísio não ficou nada contente com isso.

Ocorreu-lhe a princípio dar fim a esse abuso por conta própria. Era o mínimo que podia fazer, pois era o único prejudicado. "Vou levar a minha carabina", ele decidiu. "E também levarei quatro pistolas no cinto e uma caixa de munição cheia. E a minha espada. Assim equipado, partirei para a fronteira. Lá, o primeiro ferreiro, ferrador, serralheiro ou trabalhador que eu apanhar fazendo negócio com os belgas, e não comigo, eu mato! Assim vou lhes dar uma lição." No momento de partir, porém, o sr. Protecionísio pensou na situação com mais calma, contendo um pouco a sua sede de sangue. "Para começar, não é de todo impossível que os compradores de ferro, meus compatriotas e inimigos, voltem-se contra mim e acabem me matando. Nesse caso, mesmo que eu levasse todos os meus criados, não poderíamos defender as fronteiras. E esse ato acabaria me custando muito caro e não traria nenhum resultado satisfatório."

Protecionísio estava a ponto de se conformar com seu triste destino — o de ser tão livre quanto o restante do mundo — quando subitamente uma ideia brilhante lhe ocorreu. Ele se lembrou de que em Paris existia uma grande fábrica de leis. "O que é uma lei?", indagou a si mesmo. "É uma medida que quando decretada todos são obrigados a seguir, seja ela boa ou má. Uma força pública é organizada para garantir a execução dessa medida, e para formar essa força pública homens e dinheiro são retirados de toda a nação. Se eu conseguisse que a grande fábrica de Paris aprovasse só uma pequena lei, 'foi proibido o ferro belga', eu teria os seguintes resultados: o governo substituiria os poucos criados que eu mandaria para a fronteira por 20 mil dos filhos daqueles teimosos ferreiros, artesãos, serralheiros, ferradores e trabalhadores. Depois, para manter felizes e satisfeitos esses 20 mil funcionários da alfândega, distribuiria entre eles 25 milhões de francos retirados desses ferreiros, artesãos, serralheiros, ferradores e trabalhadores. Eles vigiariam a fronteira muito melhor, e isso não me custaria nada. Além do mais, eu não me exporia à brutalidade dos intermediários, venderia o ferro ao preço que eu quisesse e teria a doce satisfação de ver o nosso grande povo pateticamente perplexo. Sem dúvida, seria uma ótima lição para esse povo que gosta de se considerar precursor e promotor de todo o progresso que existe na Europa. Que ideia magnífica! Vale a pena tentar."

Protecionísio então foi à fábrica de leis. Talvez eu conte em outra oportunidade a história dos seus negócios secretos, mas por ora falarei apenas dos seus procedimentos manifestos. Ele apresentou aos legisladores a seguinte consideração:

"O ferro belga é vendido na França ao preço de dez francos, o que me força a vender o meu ferro pelo mesmo preço. Eu gostaria de vendê-lo por quinze francos, mas esse ferro belga, maldito seja, impede-me de fazer isso. Isso deveria estar no fundo do Mar Vermelho. Peço-lhes que façam uma lei que não permita que entre ferro belga na França. De imediato elevarei em cinco francos o meu preço, e as consequências serão as seguintes:

"Por cada cem quilos de ferro que vender, eu receberei quinze francos em vez de dez; enriquecerei mais rapidamente, ampliarei meus negócios e darei emprego a mais trabalhadores. Meus trabalhadores e eu teremos mais dinheiro para gastar e o gastaremos com mais liberalidade, levando grande benefício aos nossos comerciantes num raio de quilômetros à nossa volta. Esses comerciantes terão mais clientela e farão mais encomendas, e darão mais emprego no comércio, aumentando assim a atividade no país, de ambos os lados. Esse venturoso dinheiro que vocês colocarão no meu cofre produzirá, como uma pedra lançada num lago, um número infinito de círculos concêntricos."

Encantados com esse discurso e fascinados por saberem que é tão simples promover, legislando, a prosperidade de um povo, os legisladores votaram a restrição. "De que serve discutir trabalho e economia?", eles argumentaram. "De que servem esses meios penosos de aumentar a riqueza nacional, quando tudo de que se precisa para que esse objetivo seja alcançado é um decreto?"

A lei realmente gerou todas as consequências descritas pelo sr. Protecionísio. No entanto, gerou também outras consequências que ele não havia previsto. A bem da verdade, o raciocínio dele não era falso — apenas falho. Na tentativa de obter um privilégio, ele deu destaque aos efeitos que podem ser vistos, deixando de lado os que não se pode ver. Ele havia mencionado dois personagens, porém três estavam envolvidos na tratativa. Compete a nós corrigir essa omissão involuntária ou premeditada.

É verdade que o dinheiro direcionado por lei para o cofre do sr. Protecionísio é vantajoso para ele e para aqueles que teriam seu trabalho impulsionado. Se a lei tivesse feito potes de ouro descerem diretamente da lua, esses bons efeitos não teriam sido contrabalançados por nenhum tipo de efeito negativo. Infelizmente, o ouro misterioso não vem da lua, mas sim do bolso de um ferreiro, ou de um carroceiro, um ferrador, um trabalhador, ou ainda de um carpinteiro naval. Ou seja, vem do bolso de Fulano de Tal, que agora não receberá em troca um grama a mais de ferro do que recebia quando pagava dez francos. Não demoramos a perceber que isso altera bastante a situação, pois é mais que evidente que o lucro de Protecionísio é contrabalançado pelo prejuízo de Fulano de Tal. E tudo o que Protecionísio pode fazer com o pote de ouro para estimular o trabalho no país poderia ter sido feito pelo próprio Fulano de Tal. A pedra foi atirada apenas em uma parte do lago, pois a lei impediu que fosse atirada em outra parte.

Portanto, o que não se vê anula o que se vê. E, como resíduo da operação, o que resta é injustiça, e injustiça cometida pela lei, infelizmente.

Porém, isso não é tudo. Eu disse que havia um terceiro personagem que não foi levado em conta nessa história. Chegou a hora de apresentá-lo, para que nos revele um segundo prejuízo de cinco francos. Assim teremos os resultados completos da transação.

Fulano de Tal possui quinze francos, fruto do seu trabalho. E liberdade para gastá-los como quiser. O que faz ele com seus quinze francos? Compra algum artigo da moda por dez francos e dessa forma ele paga (ou o intermediário paga por ele) cem quilos de ferro belga. Sobram-lhe ainda cinco francos. Ele não os joga no rio, mas (e isso é o que não se vê) os dá a algum comerciante em troca de algo que deseja; por exemplo, compra de um livreiro um exemplar do *Discurso sobre a história universal*, de Bossuet.

Dessa maneira, podemos considerar que o trabalho no país recebeu um estímulo no valor de quinze francos, assim divididos: dez francos para o artigo parisiense, cinco francos para o negócio de venda de livros.

Quanto a Fulano de Tal, seus quinze francos resultaram em duas contrapartidas, quais sejam: cem quilos de ferro e um livro.

O decreto então passa a vigorar. Como isso afeta a situação de Fulano de Tal? Como afeta o trabalho no país como um todo?

Agora, Fulano de Tal pagará cada centavo dos seus cinco francos ao sr. Protecionísio; portanto será privado do prazer de adquirir um livro ou qualquer outro item de mesmo valor. Ele perde cinco francos. Uma coisa é certa: não se pode deixar de admitir que, quando o protecionismo faz aumentar o preço das coisas, o consumidor perde a diferença.

Mas isso promoverá o desenvolvimento do trabalho nacional, segundo se diz. O trabalho no país ganha com isso.

Não, não ganha. Depois que o decreto passa a valer, o trabalho não recebe mais estímulo do que recebia antes, com a quantia de quinze francos.

Ocorre que, a partir do decreto, os quinze francos de Fulano de Tal vão para a área metalúrgica, ao passo que, antes de o decreto ter sido posto em prática, esses quinze francos eram divididos entre a loja de ferragens e o vendedor de livros.

A violência que Protecionísio indiretamente empregou na fronteira, isto é, a violência que ele usou através da lei, do ponto de vista moral pode ser julgada de maneira bastante diversa. Algumas pessoas consideram a pilhagem perfeitamente justificável se for sancionada por lei. Eu, por outro lado, não consigo imaginar nada mais reprovável. De qualquer modo, os resultados para a economia são iguais em ambos os casos.

Cada um pode avaliar a situação como preferir; mas, se formos imparciais, veremos que nada de bom pode advir do saque, seja legal ou ilegal. Não negamos que isso traga ao sr. Protecionísio ou ao seu negócio — ou, se preferir, à indústria nacional — um lucro de cinco francos. Mas afirmamos que isso causa duas perdas: uma para Fulano de Tal, que paga quinze francos quando normalmente pagaria dez, e outra para a indústria nacional, que não recebe a diferença. Faça a sua escolha entre essas duas perdas e compense com ela o lucro que admitimos. Ainda assim, restará um prejuízo irremediável. Isso nos mostra uma importante verdade: tomar por meio de violência não é produzir, mas sim destruir. Se tomar pela violência fosse produzir, nosso país seria mais rico do que é.

8. MAQUINÁRIO

"Máquinas malditas! Todos os anos, as máquinas, cujo poder é cada vez maior, condenam milhões de trabalhadores à pobreza, pois roubam-lhes o trabalho e lhes tiram portanto o salário e o pão. Malditas sejam as máquinas!"

Esse é o clamor que o preconceito vulgar repete incansavelmente e que ganhou também os jornais.

Mas amaldiçoar máquinas é amaldiçoar o espírito da humanidade!

Como um homem pode sentir algum tipo de satisfação com semelhante doutrina? Isso definitivamente me intriga.

Porque, se esse raciocínio for verdadeiro, qual seria a sua consequência inevitável? Que não existe atividade, prosperidade, saúde nem felicidade possível para nenhum povo, exceto os que são estúpidos e preguiçosos e os que não receberam de Deus o dom crucial de saber pensar, observar, combinar, inventar e obter os maiores resultados com os menores recursos. E, ao contrário — seguindo o mesmo raciocínio —, farrapos, choças miseráveis, pobreza e inanição são o destino inevitável de todas as nações que procuram e encontram no ferro, no fogo, no vento, na eletricidade, no magnetismo, nas leis da química e da mecânica — em suma, nos poderes da natureza — impulso e auxílio aos seus poderes naturais. Poderíamos também concordar com as palavras de Rousseau: "Todo homem que pensa é um animal depravado".

Isso não é tudo. Se essa doutrina for verdadeira, todos os homens pensam e inventam, já que todos, do primeiro ao último e em cada momento da sua existência, buscam a colaboração das forças da natureza e tentam fazer o máximo com pouco, reduzindo o trabalho com suas mãos ou reduzindo seus gastos, para, desse modo, obterem a maior quantidade de recompensa possível com a menor quantidade de trabalho. Disso se deduz, via de regra, que toda a humanidade está fadada ao declínio devido à mesma aspiração mental ao progresso que atormenta cada um dos seus membros.

Se isso for verdade, então as estatísticas revelarão que os habitantes de Lancashire, abandonando aquela terra de máquinas, procuram trabalho na Irlanda, onde elas são desconhecidas. E a história mostrará que essa barbárie obscurece as eras de civilização, e a civilização brilha em tempos de ignorância e barbárie.

Nesse acúmulo de contradições existe sem dúvida algo que nos revolta e que nos leva a suspeitar que o problema traz em si um elemento de solução que ainda não foi detectado.

Eis aqui todo o mistério: por trás do que vemos está o que não vemos. Vou me empenhar para trazê-lo à luz. A demonstração que darei será somente uma repetição da anterior, pois os problemas são os mesmos.

As pessoas são naturalmente propensas a fazer a melhor barganha possível quando uma força contrária não as impede. Isso ocorre porque elas gostam de conseguir o máximo possível por seu trabalho; não importa que a vantagem que buscam lhes seja proporcionada por um produtor estrangeiro ou por um hábil produtor mecânico.

A objeção teórica a essa propensão é a mesma nos dois casos. Em cada um deles, essa propensão é censurada pela aparente inatividade que causa ao trabalho. Ora, o que a determina não é o trabalho tornado inerte, mas sim o trabalho tornado disponível. E é por isso que o mesmo obstáculo efetivo — a violência — também se opõe a ela.

O legislador proíbe a concorrência estrangeira e impede a concorrência mecânica. Existe maneira mais eficaz de impedir que uma inclinação inerente a todos os homens se manifeste do que tirando-lhes a liberdade?

É verdade que em muitos países o legislador ataca somente uma dessas concorrências e se limita a reclamar da outra. Isso só prova que o legislador é incoerente.

Não devemos nos espantar com isso. Quando se trilha um caminho enganoso, a incoerência é inevitável; se não fosse assim a humanidade já teria sucumbido. Nós nunca vimos nem jamais veremos um princípio falso ser levado ao limite.

Vamos à nossa demonstração. Ela não será longa.

Fulano de Tal tinha dois francos para pagar dois trabalhadores. No entanto, ele se deu conta de que poderia fazer um sistema de cordas e pesos que diminuiria o trabalho pela metade. Desse modo ele teria o mesmo resultado, economizaria um franco e dispensaria um dos trabalhadores.

Ele dispensa um trabalhador: isso é o que se vê.

E, vendo apenas isso, nós dizemos: "Veja como a miséria anda a par com a civilização! É assim que a liberdade mata a igualdade. A mente humana alcança uma conquista, e um trabalhador é imediatamente atirado no abismo da pobreza. Fulano de Tal até poderia contratar os dois trabalhadores, mas ele então lhes pagaria apenas metade dos seus salários, já que ambos competiriam entre si e se ofereceriam por pagamentos menores. E assim os ricos ficam cada vez mais ricos; e os pobres, cada vez mais pobres. É preciso remodelar a sociedade". Uma ótima conclusão, e digna do preâmbulo.

Felizmente tanto o preâmbulo como a conclusão são falsos, porque por trás da metade do fenômeno que se vê encontra-se a outra metade, que não se vê.

O franco economizado por Fulano de Tal não é visto, e também não são vistos os efeitos essenciais dessa economia.

Em consequência da sua invenção, Fulano de Tal gasta apenas um franco em mão de obra, obtendo, assim, benefício adicional nos resultados. Em razão disso, ainda lhe resta mais um franco.

Desse modo, se há no mundo um trabalhador parado, há também no mundo um capitalista com um franco parado. Esses dois elementos se encontram e se combinam, e é claro como o dia que não mudou em nada a relação entre oferta e procura de trabalho e entre oferta e procura de salários.

A invenção e o trabalhador pago com o primeiro franco realizam agora o trabalho que antes seria feito por dois trabalhadores. O segundo trabalhador, pago com o segundo franco, encarrega-se de outro tipo de trabalho.

Sendo assim, o que mudou afinal? Há uma satisfação adicional que foi obtida em nível nacional; em outras palavras, a invenção é um triunfo gratuito — um ganho gratuito para a humanidade.

Do modo como expus minha demonstração, pode-se concluir o seguinte: "Quem recebe todos os benefícios da maquinaria é o capitalista. A classe trabalhadora apenas sofre eventualmente com a existência das máquinas, mas jamais se beneficia delas; pois segundo essa demonstração elas deslocam uma parcela do trabalho nacional sem diminuí-lo, é verdade, mas também sem aumentá-lo".

Não pretendo responder a todas as objeções neste pequeno tratado. A única finalidade que tenho em vista é dar combate a um preconceito vulgar, perigoso e amplamente disseminado. Minha intenção é provar que uma nova máquina só desemprega determinada quantidade de mão de obra quando a remuneração que as paga é confiscada à força. Essa mão de obra e essa remuneração seriam combinadas para produzir o que era impossível produzir antes da invenção; e o resultado disso é um aumento de vantagens para o mesmo trabalho.

Quem ganha com essas vantagens adicionais?

O primeiro a ganhar é o capitalista, o inventor; é o primeiro a usar a máquina. Essa é a recompensa por seu gênio e sua coragem. Nesse caso, como acabamos de ver, ele economiza no custo de produção, e essa economia, de qualquer modo que possa ser gasta (e é sempre gasta), emprega tantas mãos quantas a máquina levou a serem dispensadas.

Mas logo a concorrência o força a baixar seus preços de maneira proporcional à própria economia. Quando isso acontece, não é mais o inventor que obtém o benefício da invenção — é o comprador do que é produzido, o consumidor, incluindo-se o próprio trabalhador. Em resumo, a humanidade.

E o que não se vê é que a poupança alcançada dessa forma para todos os consumidores gera um fundo de onde os salários podem ser retirados, e que substitui o que a máquina exauriu.

Então, retornando ao exemplo mencionado há pouco, Fulano de Tal consegue lucro gastando dois francos em salários. Graças à sua invenção, a mão de obra custa-lhe somente um franco. Enquanto vende o item produzido pelo mesmo preço, ele emprega um trabalhador a menos na produção desse item, e isso é o que se vê; mas há um trabalhador a mais empregado pelo franco que Fulano de Tal economizou — isso é o que não se vê.

Quando, pelo andamento natural das coisas, Fulano de Tal é obrigado a baixar o preço do produto em um franco, ele não realiza mais uma economia de dinheiro; então deixa de ter um franco disponível para encomendar nova produção à mão de obra nacional. Mas então outro ganhador toma o seu lugar — e esse ganhador é a humanidade. Quem compra o item produzido paga um franco a menos por ele, economiza um franco e necessariamente adiciona essa economia ao fundo de salários. E, novamente, isso é o que não se vê.

Para a questão das máquinas foi dada outra solução, baseada em fatos.

Já foi dito que o maquinário diminui o custo de produção e baixa o preço do item produzido. A redução do preço leva ao aumento do consumo, o que exige aumento da produção e finalmente a contratação, após a invenção, de tantos trabalhadores quantos eram necessários antes dela, ou até mais. Podemos citar como exemplo disso a imprensa, a tecelagem etc.

Essa demonstração não é científica. Deve-se concluir que, se o consumo da produção particular da qual falamos se mantém estacionário, ou quase, a máquina prejudicaria o trabalho. Mas não é o que acontece.

Suponhamos que em determinado país todos os habitantes usem chapéu. Se o preço do chapéu fosse reduzido pela metade com o uso de maquinário, disso não se conclui necessariamente que o consumo dobraria.

Nesse caso, seria justo dizer que uma parcela da mão de obra nacional foi demitida? Sim, de acordo com um raciocínio superficial; mas de acordo com o meu raciocínio, não, pois ainda que não fosse comprado no país nem um chapéu a mais, todo o fundo de salários permaneceria seguro. O que não fosse para o comércio de chapéus se constituiria na economia realizada por todos os consumidores e, assim, serviria para pagar todo o trabalho que a máquina havia inutilizado e para fomentar um novo desenvolvimento de todos os comércios. E é assim que as coisas são. Vi jornais custarem oitenta francos, mas agora pagamos 48: uma economia de 32 francos para os assinantes. Não é certo e nem mesmo necessário que os 32 francos tomem a direção do negócio de jornais; mas é certo e também necessário que, se não tomarem essa direção, tomem outra. Um usa esses francos para receber mais jornais; outro faz uso deles para viver melhor; outro, para ter uma roupa melhor; e outro, ainda, para adquirir uma mobília melhor. É dessa maneira que os comércios se unem. Eles formam um gigantesco todo, cujas diferentes partes se comunicam por meio de canais secretos: o que é economizado por um beneficia todos. É de grande importância entender que a poupança nunca ocorre à custa do trabalho e dos salários.

9. CRÉDITO

Ao longo da história, mas principalmente nos últimos anos, foram feitas tentativas de aumentar a riqueza mediante a extensão do crédito.

Acredito que não seja exagero dizer que desde a revolução de fevereiro os jornais de Paris publicaram mais de 10 mil panfletos em defesa dessa solução para o problema social.

O único fundamento para essa "solução" é uma ilusão de óptica — se é que uma ilusão de óptica possa servir de fundamento para o que quer que seja.

Primeiro confundem dinheiro com produtos, depois papel-moeda com dinheiro. E pretendem descrever uma realidade a partir dessas duas confusões.

Nessa questão, é absolutamente necessário esquecer o dinheiro, a moeda, as notas e os demais instrumentos que fazem as mercadorias circularem. Devemos nos concentrar nos próprios produtos, que são os verdadeiros objetos do empréstimo. Quando um agricultor toma emprestados cinquenta francos para comprar um arado, na verdade não são os cinquenta francos que emprestam a ele, mas sim o arado. E quando um comerciante toma um empréstimo de 20 mil francos para comprar uma casa, ele passa a dever não os 20 mil francos, mas sim a casa. O dinheiro figura apenas para facilitar as tratativas entre as partes.

Pedro pode não estar disposto a emprestar o seu arado, mas Jacques pode estar disposto a emprestar o seu dinheiro. O que faz Guilherme nesse caso? Ele empresta dinheiro de Jacques e com esse dinheiro compra o arado de Pedro.

Na realidade, porém, ninguém pede dinheiro emprestado pela posse do dinheiro em si. O dinheiro é somente o meio pelo qual produtos são obtidos. Ora, num país não podem passar de uma mão a outra mais produtos do que aqueles que já existem nesse país.

Seja qual for a quantidade de dinheiro e papel que esteja em circulação, todos os mutuários não podem receber mais arados, casas, ferramentas e provisão de matéria-prima do que todos os credores juntos podem fornecer, pois não podemos nos esquecer: todo mutuário supõe um tomador de empréstimo, e o que é emprestado implica um empréstimo.

Dito isso, qual é a vantagem proporcionada pelas instituições de crédito? Elas facilitam o encontro e a negociação entre tomadores de empréstimo e emprestadores. Mas não têm o poder de multiplicar instantaneamente as coisas a serem tomadas e financiadas. Contudo seria melhor que tivessem esse poder se os reformadores alcançarem o seu objetivo, pois eles pretendem nada menos do que colocar arados, casas, ferramentas e provisões nas mãos de todos aqueles que desejam isso.

E como eles pretendem fazer tal coisa? Dando ao empréstimo a garantia do Estado.

É necessário que tentemos entender esse assunto, porque ele contém algo que pode ser visto e também algo que não pode ser. Esforcemo-nos para olhar para ambos os elementos.

Vamos supor que exista apenas um arado em todo o país, e que dois fazendeiros queiram utilizá-lo.

Pedro é dono do único arado que existe na França. João e Jacques querem pegá-lo emprestado. Por sua honestidade, seus bens e sua boa reputação, João inspira confiança — ele tem crédito. Jacques, por outro lado, inspira pouca ou nenhuma confiança. Como era de esperar, Pedro acaba emprestando o seu arado a João.

Mas surge o plano socialista, e de acordo com esse plano o Estado deve interferir e dizer a Pedro: "Empreste o arado a Jacques, e eu garantirei a sua devolução. Essa garantia supera a de João, pois ele não tem ninguém que se responsabilize por ele. Eu, porém, mesmo não tendo nada, disponho da fortuna dos contribuintes, e é com o dinheiro desses contribuintes que lhe pagarei o principal e os juros em caso de necessidade". Diante disso, Pedro empresta o seu arado a Jacques: isso é o que se vê.

E então os socialistas esfregam as mãos dizendo "Vejam como o nosso plano é bem-sucedido! Graças à interferência do Estado, o pobre Jacques tem um arado. Ele não será mais obrigado a escavar a terra com uma enxada. Tem agora a chance de fazer fortuna. Isso é bom para ele e é uma vantagem para toda a nação".

Na verdade, esse não é o caso. Não há vantagem para a nação, pois algo nesse cenário está oculto — é algo que não se vê.

Não se vê que o arado está em poder de Jacques apenas porque não está em poder de João.

Não se vê que, se Jacques lavra a terra com arado em vez de cavá-la com a enxada, só restará a João cavar a terra com enxada em vez de empregar o arado.

Consequentemente, o que foi considerado um aumento no empréstimo não passa de deslocamento de empréstimo. Além disso, não se vê que esse deslocamento sugere dois atos de profunda injustiça.

É uma injustiça contra João, que, depois de ter merecido e obtido crédito por sua honestidade e disposição, vê esse crédito ser-lhe roubado.

É uma injustiça contra os pagadores de impostos, que são obrigados a pagar uma dívida que não lhes diz respeito.

Alguém poderia argumentar que o Estado oferece a João as mesmas facilidades que oferece a Jacques. Porém, como só há um arado, não é possível emprestar dois. O argumento sempre se resume ao fato de que graças à intervenção do Estado serão oferecidos mais empréstimos do que se pode efetivamente emprestar, pois aqui o arado representa a massa de capital disponível.

É verdade que eu reduzi a operação à sua expressão mais simples. Mas, se submetermos ao mesmo teste as mais intricadas instituições governamentais de crédito, chegaremos a um só resultado — que há deslocamento, e não aumento de crédito. Em dado momento, num determinado país, há somente uma certa quantidade de capital disponível, e tudo está investido. Quando garante os que são insolventes, o Estado pode de fato aumentar o número de tomadores de empréstimo, aumentando assim a taxa de juros (sempre para prejuízo do pagador de impostos), mas não tem poder para aumentar o número de emprestadores e o montante total dos empréstimos.

Que não me imputem, porém, uma conclusão que eu nunca expressaria. Digo que a lei não deve favorecer de maneira artificial o empréstimo, mas não digo que deve limitar o empréstimo artificialmente. Se em nosso sistema de hipoteca, ou em qualquer outro, existirem obstáculos à difusão e à aplicação do crédito, então que sejam eliminados: nada melhor nem mais justo que isso. Mas isso, com liberdade, é tudo o que deve pedir à Lei qualquer indivíduo que seja digno de ser chamado de reformador.

10. ARGÉLIA

Eis que temos quatro oradores disputando espaço na tribuna. Primeiro falam todos ao mesmo tempo e então um após o outro. O que disseram eles? Certamente coisas belas sobre o poder e a grandeza da França, sobre a necessidade de semear para colher, sobre o futuro brilhante da nossa gigantesca colônia, sobre as vantagens de escoar o excedente da nossa população etc. etc. Magníficas peças de eloquência, sempre adornadas com a seguinte conclusão: "Vote 50 milhões, ou algo próximo disso, para construirmos portos e estradas na Argélia, transportarmos colonos para lá, construirmos casas e limparmos campos para eles. Desse modo você aliviará o trabalhador francês, incentivará o trabalho africano e dará estímulo ao comércio de Marselha. Todos lucrarão".

Sim, tudo isso é verdade, se considerarmos os referidos 50 milhões somente a partir do momento em que o Estado começar a gastá-los — se olharmos para onde vão, mas não considerarmos de onde vieram. Se olharmos apenas para o bem que farão depois de saírem do saco do coletor de impostos, e não para o mal que foi feito e para o bem que foi impedido quando esse dinheiro foi colocado nesse saco. De fato, tudo é lucro quando avaliamos a situação por esse ponto de vista restrito. A casa que se constrói na Barbária; o porto construído na Barbária; o trabalho gerado na Barbária; a diminuição de alguma força de trabalho a menos na França e também uma grande movimentação de mercadorias em Marselha é tudo o que se vê.

Porém, há algo nisso tudo que não se vê. Os 50 milhões gastos pelo Estado já não podem mais ser gastos — como teriam sido de outra forma — pelos contribuintes. De todo o bem atribuído à despesa pública realizada é preciso deduzir todo o mal ocasionado pela despesa privada não realizada, a menos que se alegue que Fulano de Tal não teria feito nada com o dinheiro que ganhou e do qual foi privado por meio dos impostos; uma alegação absurda, pois, se ele se esforçou para ganhá-lo, foi porque esperava ter a satisfação de usá-lo. Ele teria mandado repararem a cerca do seu jardim, mas não pode mais fazer esse reparo; teria adubado o seu campo, o que agora não pode mais fazer; teria acrescentado outro andar à sua casa, e isso já não pode mais ser feito; Fulano de Tal poderia ter adquirido mais ferramentas, mas agora já não pode mais fazer isso; teria se alimentado melhor, se vestido melhor; teria dado melhor educação aos filhos e também aumentado o dote da filha; teria feito um seguro de vida, e agora não pode mais – tudo isso é o que não se vê. De um lado estão as vantagens das quais ele foi privado e os meios de ação que foram tomados dele, e de outro estão o trabalho do carpinteiro, do ferreiro, do alfaiate, do professor — trabalhos que ele teria beneficiado, mas que agora são vedados. Tudo isso é o que não se vê.

A expectativa quanto à prosperidade futura da Argélia é muito grande. Que seja. Mas não se pode ignorar a drenagem à qual a França está sendo submetida. Apontam-me o comércio de Marselha como exemplo de exuberância; mas se esse desenvolvimento for obtido por meio de impostos, eu de minha parte objetarei que isso destrói um comércio igual em outras partes do país. Dizem: "Um emigrante foi transportado para a Barbária; isso é um alívio para a população que permanece no país". E a isso eu respondo: "Como pode ser um alívio se quando esse emigrante é transportado para Argel também é transportado duas ou três vezes o capital que seria suficiente para mantê-lo na França?".* O meu único objetivo é mostrar claramente ao leitor que em todo gasto público existe por trás do aparente benefício uma perda que não é tão fácil de se perceber. Eu farei o que estiver ao meu alcance para que o leitor se habitue a esses dois elementos mencionados e para que leve ambos em consideração.

Quando é proposta, uma despesa pública tem de ser examinada em si mesma, separadamente do suposto fomento ao trabalho que ela ocasiona, porque esse incentivo

---

* O ministro da Guerra declarou recentemente que cada indivíduo transportado para a Argélia custou 8 mil francos ao Estado. Agora não resta dúvida de que essas pobres criaturas poderiam ter vivido muito bem na França com um capital de 4 mil francos. Ora, como a população francesa pode estar aliviada se foi privada de um homem e dos meios de subsistência de dois homens? [N. do A.]

é ilusório. A despesa privada teria feito o mesmo que a despesa pública faz nesse sentido. Portanto, o interesse do trabalho não tem importância.

Este tratado não tem a finalidade de criticar o mérito intrínseco da despesa pública relacionada à Argélia, mas não posso me furtar a fazer uma observação de caráter geral. Ocorre que a presunção é sempre desfavorável às despesas coletivas feitas por meio de impostos. Isso porque, em primeiro lugar, a justiça é sempre prejudicada em algum grau. Tendo em vista que Fulano de Tal trabalhou para ganhar o seu dinheiro, esperando retirar dele alguma gratificação, é lamentável que o tesouro público interfira e tire de Fulano de Tal essa gratificação para concedê-la a outra pessoa. Sem dúvida, cabe ao tesouro público ou aos que o regulam oferecer bons motivos para isso. Fica evidente que o Estado dá um motivo detestável quando alega: "Empregarei trabalhadores com esse dinheiro". Porque Fulano de Tal (quando souber disso) certamente responderá: "Bem, com esse dinheiro eu mesmo poderia empregá-los".

À parte esse motivo, outros se apresentam sem disfarce, o que simplifica bastante o debate entre o tesouro público e o pobre Fulano de Tal. Quando o Estado diz a ele "Pego o seu dinheiro para pagar o policial que cuida da sua proteção, o que lhe poupa o trabalho de providenciar a sua própria segurança. E também para pavimentar a rua pela qual você caminha diariamente. Com o seu dinheiro pago o magistrado que garante que sua propriedade e a sua liberdade sejam respeitadas. E pago o soldado que defende as nossas fronteiras", Fulano de Tal, a não ser que eu esteja muito enganado, pagará por tudo isso sem hesitar. Mas se o Estado lhe disser: "Pego esse dinheiro para lhe dar um pequeno prêmio caso você cultive bem as suas terras; ou para ensinar ao seu filho algo que você não quer que ele aprenda; ou para que o ministro acrescente outro prato à sua mesa no jantar. Pego esse dinheiro para construir uma casa na Argélia, e nesse caso precisarei de mais dinheiro todos os anos para manter um emigrante nela, e para manter um soldado que guarde esse emigrante, e também para manter um general que guarde esse soldado" etc. etc. Nesse último caso, acho que até posso ouvir o pobre Fulano de Tal retrucar: "Esse sistema de leis é bem parecido com um sistema de vigarice!". Porém, prevendo essa objeção, o que faz o Estado? Mistura tudo e apresenta justamente aquele motivo detestável que não deveria ter relação nenhuma com a questão. Ele fala do efeito desse dinheiro sobre o trabalho; fala do cozinheiro e do fornecedor do ministro; fala de um emigrante, um soldado e um general que vivem do dinheiro. Ele enfim mostra o que se vê, e se Fulano de Tal não aprendeu a levar em consideração o que não se vê, acabará enganado. É por essa razão que repeti tantas vezes isso: quero fazer tudo o que estiver ao meu alcance para que ele grave isso em sua mente.

O gasto público desloca o trabalho sem aumentá-lo, e disso resulta uma segunda presunção séria contra ele. Deslocar o trabalho é deslocar trabalhadores e perturbar as leis naturais que regulam a distribuição da população pelo país. Quando 50 milhões de francos são deixados para os contribuintes, como os contribuintes estão por toda parte, esse dinheiro estimula o trabalho nos 40 mil distritos da França. Age como um amarra natural que faz todos permanecerem em sua terra natal; é distribuído entre todos os trabalhadores e ofícios que se possam imaginar. Quando o Estado, retirando esses 50 milhões dos cidadãos, acumula-os e gasta-os em determinado ponto, atrai para esse ponto uma quantidade de trabalho deslocado, e um número correspondente de trabalhadores pertencentes a outras regiões; uma população flutuante, fora de lugar, e até me atrevo a dizer perigosa com o esgotamento do fundo. E aqui está a consequência disso (a qual confirma tudo o que eu disse): essa atividade febril é, por assim dizer, forçada para dentro de um espaço estreito, chama a atenção de todos; é o que se vê. As pessoas aplaudem, ficam maravilhadas com a beleza e a simplicidade do processo e querem que ele prossiga e se estenda. O que elas não veem é que uma quantidade igual de trabalho, que provavelmente seria mais valiosa, foi eliminada no restante da França.

11. MODERAÇÃO E LUXO

Não é apenas no gasto público que o que se vê eclipsa o que não se vê. Deixando de lado o que toca à economia política, esse fenômeno leva a um raciocínio falso. Faz as nações enxergarem contradição entre os seus interesses morais e materiais. Pode haver algo mais desanimador?

Por exemplo: todo pai de família considera ser seu dever ensinar aos filhos a ordem, o sistema, os hábitos de prudência, economia e comedimento no gasto do dinheiro.

Não há religião que não vocifere contra a pompa e o luxo. Isso não surpreende. Por outro lado, ouvimos com bastante frequência as seguintes observações:

"Acumular é drenar as veias do povo."

"O luxo do grande é o bem-estar do pequeno."

"Os esbanjadores se arruínam, mas enriquecem o Estado."

"É no supérfluo dos ricos que germina o pão dos pobres."

Temos aqui certamente uma contradição notável entre ideia moral e ideia social. Quantos espíritos elevados sentem-se em paz quando percebem o conflito! Eu jamais poderia entender tal coisa, pois parece-me que não existe nada mais doloroso do que descobrir duas tendências opostas na humanidade. Porque em cada um dos extremos se alcança a degradação: a parcimônia conduz à miséria, e a gastança conduz à degradação moral. Felizmente essas máximas toscas exibem economia e luxo sob uma luz falsa, dando destaque a consequências imediatas (que são vistas) e não às mais distantes (que não são vistas). Façamos uma tentativa de corrigir essa visão incompleta da questão.

Após dividirem a herança paterna, Mondor e seu irmão Aristo possuem cada um uma renda anual de 50 mil francos. Mondor pratica a filantropia, que está na moda. É o que se pode chamar de um verdadeiro esbanjador. Ele renova o seu mobiliário várias vezes por ano e muda de carruagem todos os meses. As pessoas comentam sobre os engenhosos meios que ele encontra para gastar mais depressa. Em resumo, ele supera largamente em extravagância até mesmo Balzac e Alexandre Dumas.

Desse modo, todos o cobrem de elogios para onde quer que ele vá. "Falem-nos sobre Mondor! Eternamente Mondor! Ele é o benfeitor dos trabalhadores, uma bênção para o povo. Sim, é verdade que ele se deleita na orgia, enlameando um pouco a sua própria dignidade e a sua natureza humana, mas de que importa isso? Se ele próprio não pratica o bem, ele o faz com sua fortuna. Ele faz o dinheiro circular, deixando os comerciantes sempre satisfeitos. É como se diz: o ouro é redondo para que possa rolar!".

Aristo, por sua vez, adotou um plano de vida bem diferente. Se não é um egoísta, pelo menos um individualista ele é, já que toma em consideração as despesas, busca somente prazeres moderados e razoáveis, pensa no futuro dos seus filhos e realmente economiza.

E o que as pessoas falam de Aristo? "Qual é a vantagem de ser rico e ser avarento? É um pão-duro. Sim, há um traço de dignidade na simplicidade da sua vida, e além disso ele é humano, benevolente e bondoso... Mas faz contas o tempo todo. Não gasta a sua renda, e a sua casa não é rica nem animada. Que bem ele faz aos colocadores de papel de parede, aos fabricantes de carruagem, aos negociantes de cavalos e aos confeiteiros?".

Essas opiniões, que causam dano à moralidade, baseiam-se num elemento que salta aos olhos — o gasto do esbanjador — e em outro elemento que não se pode ver — o gasto igual e até superior do economizador.

Mas as coisas foram tão maravilhosamente bem-arranjadas pelo divino inventor da ordem social que nisso, como em todo o restante, economia política e moral não se chocam — longe disso: elas estão de acordo. E a sabedoria de Aristo não apenas é mais digna como também é mais proveitosa do que a loucura de Mondor. E quando digo proveitosa não quero dizer que é proveitosa somente para Aristo ou mesmo para a sociedade em geral, mas para os próprios trabalhadores — para o comércio dos dias de hoje.

Para provar isso, é preciso apenas voltar os olhos do pensamento para as consequências ocultas das ações humanas, aquelas que os olhos físicos não veem.

O esbanjamento de Mondor tem efeitos visíveis em vários aspectos. Todos podem ver suas carruagens de vários tipos, as ricas pinturas no teto da sua casa, seus tapetes caros e sua decoração exuberante. Todos sabem que ele possui cavalos de corrida. Os jantares que ele oferece no Hotel de Paris atraem a atenção das multidões nas ruas, e as pessoas dizem: "Aí está um homem generoso! Em vez de guardar a sua renda, ele prefere gastar o seu capital". Isso é o que se vê.

Quanto ao interesse dos trabalhadores, não é tão fácil ver o que ocorre com o dinheiro de Aristo. Porém, se o rastreássemos com cuidado constataríamos que todo o seu dinheiro, até o último centavo, emprega trabalhadores tão certamente quanto a fortuna de Mondor. Com uma diferença: a extravagância descontrolada de Mondor está fadada a diminuir cada vez mais até chegar ao inevitável fim. Já os gastos sensatos de

Aristo continuarão aumentando de ano para ano. Se esse for o caso, então com certeza o interesse público estará em harmonia com a moral.

Aristo gasta consigo e com a sua casa 20 mil francos por ano. Se isso não for o bastante para satisfazê-lo, então ele não merece ser considerado um homem sábio. Ele se comove diante das misérias que oprimem as classes menos favorecidas, e sua consciência o obriga a proporcionar a essa gente um pouco de alívio. Assim, ele destina 10 mil francos a atos de benevolência. Entre os comerciantes, os fabricantes e os agricultores, Aristo tem amigos que atravessam períodos de dificuldade; ele se mantém informado acerca da situação desses amigos, a fim de ajudá-los com prudência e eficiência, e destina a esse trabalho mais 10 mil francos. Mas ele não esquece o dote de suas filhas, tampouco descuida do futuro dos seus filhos, que é sua obrigação prover; portanto Aristo considera ser seu dever guardar e investir a juros 10 mil francos todos os anos.

Vejamos a lista de gastos de Aristo:

1 – Despesas pessoais .... 20 mil francos
2 – Objetivos filantrópicos .... 10 mil francos
3 – Apoio aos amigos .... 10 mil francos
4 – Poupança .... 10 mil francos

Vamos agora examinar cada um desses itens e veremos que nem um mísero centavo escapa ao trabalho nacional.

1 – Despesas pessoais: no que toca aos trabalhadores e comerciantes, essas despesas têm exatamente o mesmo efeito que uma despesa igual feita por Mondor. Isso é evidente por si só, portanto não nos estenderemos nesse pormenor.

2 – Objetivos filantrópicos: os 10 mil francos destinados a esse fim acabam beneficiando também o comércio, pois chegam às mãos do açougueiro, do padeiro e do carpinteiro. Acontece que a carne, o pão e as roupas não vão para Aristo, mas para aqueles que ele tornou seus substitutos. Ora, essa simples substituição de um consumidor por outro em nada afeta o comércio de maneira geral. Tanto faz que Aristo gaste uma coroa ou queira que algum desventurado gaste-a em seu lugar.

3 – Apoio a amigos: o amigo a quem Aristo empresta ou dá 10 mil francos não recebe esse montante para retê-lo. Isso contraria a hipótese com que trabalhamos. Esse amigo usa o dinheiro para pagar mercadorias ou quitar dívidas. No primeiro caso, há fomento do comércio. Alguém pretende argumentar que o comércio ganharia mais se Mondor comprasse um cavalo puro-sangue por 10 mil francos do que ganharia se Aristo ou seu amigo comprassem bens no valor de 10 mil francos? Pois, se essa quantia serve para pagar uma dívida, uma terceira pessoa surge, o credor, que sem dúvida usará o dinheiro em seu comércio, em sua casa ou em sua fazenda. Ele representa outra ponte entre Aristo e os trabalhadores. Os nomes são alterados, mas a despesa permanece, assim como o estímulo ao comércio.

4 – Poupança: agora restam os 10 mil francos economizados. É nesse aspecto — no que diz respeito ao estímulo às artes, ao comércio, ao trabalho e aos trabalhadores — que Mondor parece muito superior a Aristo, embora este último se mostre superior a Mondor do ponto de vista moral, pelo menos em certa medida.

Não posso observar essas aparentes contradições entre as grandes leis da natureza sem que me invada uma sensação de mal-estar equivalente ao sofrimento. Se a humanidade fosse obrigada a escolher entre dois caminhos, um que ferisse os seus interesses e outro que ferisse a sua consciência, nós deixaríamos de ter esperança no futuro. Felizmente as coisas não são assim; e para ver Aristo recuperar a sua superioridade econômica, bem como a sua superioridade moral, basta compreender a seguinte máxima encorajadora, que não é menos verdadeira por ser aparentemente paradoxal: "Economizar é gastar".

O que Aristo pretende com essa economia de 10 mil francos? Deseja enterrar esse dinheiro em seu jardim? Claro que não; a intenção dele é aumentar seu capital e seus rendimentos. Em consequência disso, em vez de destinar esse dinheiro para sua própria gratificação pessoal, ele o usa para comprar terras, uma casa etc., ou o entrega a um homem de negócios ou a um banqueiro. Se acompanhar o progresso desse dinheiro em qualquer um desses casos, você se convencerá de que esses 10 mil francos incentivam o trabalho, por meio de vendedores ou credores, tanto quanto se Aristo (seguindo o exemplo do seu irmão) o tivesse trocado por móveis, joias e cavalos. Porque, quando Aristo compra terras ou hipotecas por 10 mil francos, ele é motivado pela consideração de que não quer gastar esse dinheiro. É por isso que você o censura.

Ao mesmo tempo, porém, a pessoa que vende a terra ou a hipoteca é motivada pela consideração de que quer gastar de alguma maneira os 10 mil francos. Assim, de um modo ou de outro o dinheiro acaba sendo gasto, ou por Aristo ou por qualquer outro em seu lugar.

No que diz respeito à classe trabalhadora, ao estímulo ao trabalho, existe uma única diferença entre a conduta de Aristo e a de Mondor. Mondor gasta ele mesmo o dinheiro e o faz diretamente ao seu redor, portanto o efeito dessa ação é visto. Já no caso de Aristo, que gasta parte do dinheiro por meio de intermediários e à distância, o efeito não é visto. Contudo, quem souber vincular efeitos às suas respectivas causas perceberá que o que não se vê é tão certo quanto o que se vê. Isso é provado pelo fato de que nos dois casos o dinheiro circula, e não há mais dele guardado no cofre do homem sensato do que no do gastador. Portanto é falso afirmar que economizar causa danos reais ao comércio; na verdade a poupança é tão benéfica quanto o luxo.

Mas em vez de limitar os nossos pensamentos ao presente momento, por que não deixamos que se estendam a um período muito mais longo?

Passados dez anos, o que aconteceu com Mondor, com a sua fortuna e com a sua grande popularidade? Mondor está arruinado. Em lugar de gastar 60 mil francos todos os anos, despejando-os na economia, ele agora talvez seja até um fardo para a sociedade. De qualquer maneira, Mondor já não é mais a alegria dos lojistas; não é mais o patrono das artes e da indústria; não tem mais nenhuma serventia para os trabalhadores nem para os seus herdeiros, os quais ele deixou em situação difícil.

Aristo, por sua vez, depois desse mesmo período de dez anos, não apenas continua colocando o seu dinheiro em circulação como adiciona de ano para ano uma soma crescente às suas despesas. Ele ajuda a ampliar o capital nacional, isto é, o fundo que abastece os salários, e como a demanda de trabalho depende da extensão desse fundo, ele ajuda a aumentar progressivamente a remuneração da classe trabalhadora. Se morrer, Aristo deixará filhos que receberam dele instruções para sucedê-lo nesse trabalho de progresso e civilização. Do ponto de vista moral, a frugalidade é superior ao luxo, sem sombra de dúvida. É animador pensar que também é assim nas questões de economia para todo aquele que não se limita aos efeitos imediatos dos fenômenos e sabe estender suas investigações aos seus efeitos finais.

12. QUEM TEM DIREITO AO TRABALHO TEM DIREITO AO LUCRO

"Irmãos, juntem-se para me oferecer trabalho pelo salário que vocês estipularem." Esse é o direito ao trabalho, isto é, socialismo elementar de primeiro grau.

"Irmãos, juntem-se para me oferecer trabalho pelo salário que eu pedirei." É o direito ao lucro, isto é, socialismo refinado ou de segundo grau.

Esses dois tipos de socialismo sobrevivem à custa dos seus efeitos que *são vistos*. Eles morrerão em virtude dos seus efeitos que *não são vistos*.

O que se vê é o trabalho e o lucro estimulados pela combinação social. O que *não se vê* é o trabalho e o lucro que essa mesma combinação proporcionaria se fosse deixada para os contribuintes.

Em 1848, o direito ao trabalho exibiu por um momento duas faces. Isso foi o suficiente para que fosse demolido perante a opinião pública.

Uma dessas faces recebeu o nome de Oficinas Nacionais.* A outra foram os 45 cêntimos. Milhões de francos saíam diariamente da rua Rivoli para as oficinas nacionais. Esse era o lado satisfatório da moeda.

E o lado oposto era este: se esses milhões saíram do tesouro público, então primeiro devem ter entrado lá de algum modo. Foi por esse motivo que os organizadores do direito ao trabalho público apelaram aos contribuintes.

---

* As oficinas nacionais foram criadas pelo governo provisório da França em 1848 como solução para o desemprego. Além disso, o governo acrescentou 45 centavos aos impostos.

Diante disso, os camponeses disseram: "Eu tenho de pagar 45 cêntimos e por isso não poderei comprar as roupas de que preciso. Não posso adubar o meu campo nem fazer consertos na minha casa".

E os trabalhadores do campo disseram, por sua vez: "Como os cidadãos evitam comprar roupas, haverá menos trabalho para o alfaiate. Se não cuidam devidamente dos seus campos, haverá menos emprego para os trabalhadores rurais. Eles não podem fazer reparos em suas casas, por isso os carpinteiros e os pedreiros terão menos trabalho".

A manobra toda fracassou, simplesmente porque se despiu um santo para vestir outro: o trabalho fornecido pelo governo foi feito à custa do trabalho pago pelo contribuinte. Foi o fim do direito ao trabalho, que provou ser não apenas uma quimera como também uma injustiça. Contudo, o direito ao lucro, que é somente uma intensificação do direito ao trabalho, continua vivo e próspero.

Não há algo de vergonhoso no papel que o protecionista obriga a sociedade a desempenhar?

Diz o protecionista: "Vocês têm de me dar trabalho, e trabalho lucrativo! Eu fui tolo ao me envolver num negócio no qual tenho prejuízo de 10%. Se vocês criarem um imposto de vinte francos para os meus compatriotas e o entregarem a mim, eu deixarei de perder dinheiro e passarei a ganhar. Ora, se o lucro é um direito vocês me devem isso". Bem, qualquer sociedade que dê atenção a esse sofista, crie impostos para satisfazê-lo e não perceba que a perda a que qualquer comércio está sujeito continua sendo perda quando outros são forçados a compensá-la — na minha opinião, esse tipo de sociedade mereceria o fardo lançado sobre ela.

Assim, mediante os numerosos assuntos de que tratei, aprendemos que ignorar a economia política é deixar-se encantar pelo efeito imediato de um fenômeno; por outro lado, conhecê-la é abraçar em pensamento e por antecipação todo o leque de efeitos.

Eu poderia submeter ao mesmo teste várias outras questões; mas prefiro não fazê-lo em face da monotonia de uma demonstração constantemente uniforme. Concluo aplicando à economia política o que Chateaubriand diz acerca da história:

> Na história há duas consequências; uma imediata, que é reconhecida instantaneamente, e outra distante, que não é prontamente percebida. Essas consequências frequentemente são contraditórias entre si. A primeira resulta da nossa própria sabedoria limitada; a última de uma sabedoria mais consistente. O evento providencial surge depois do evento humano. Deus se ergue depois dos homens. Negue, se desejar, o supremo conselho; repudie a sua ação; dispare argumentos contrários; chame de força das circunstâncias ou de razão o que o vulgo chama de Providência; mas olhe para o fim de um ato consumado e você verá que se não foi baseado desde o início na moral e na justiça ele sempre produziu o oposto do que se esperava dele.

Sem dúvida, seria excelente se alguém oferecesse um prêmio — não de cem francos, mas de um milhão de francos, com grinaldas, medalhas e faixas — para quem conseguisse dar uma definição boa, simples e compreensível da palavra "Estado".

Isso seria de uma importância inestimável para a sociedade!

O Estado! O que é isso? Onde está? O que faz? O que deveria fazer? Tudo o que sabemos é que se trata de um personagem misterioso; e sem dúvida é o mais solicitado, o mais atormentado, o mais oprimido, o mais invocado e o mais provocado personagem que existe no mundo.

Não tenho o prazer de conhecer o meu leitor, mas posso apostar que ele tem suas utopias e vê no Estado uma chance de realizá-las.

E se por acaso for uma leitora, uma mulher, eu não tenho dúvida de que ela deseja sinceramente ver a humanidade livre de todos os males e sofrimentos e acha que isso poderia ser resolvido com facilidade se o Estado tomasse para si essa responsabilidade.

Infelizmente, esse pobre e desalentado personagem, como Fígaro, não sabe a quem ouvir e está desorientado. As 100 mil bocas da imprensa e da tribuna bradam todas ao mesmo tempo:

"Organize o trabalho e os trabalhadores."

"Acabe com a ganância."

"Contenha a insolência e a tirania do capital."

"Tente com estrume e ovos."

"Cubra o país com estradas de ferro."

"Irrigue as planícies!"

"Plante nas montanhas."

"Construa fazendas-modelo."

"Colonize a Argélia."

"Alimente as crianças."

"Eduque os jovens."

"Forneça amparo aos idosos."

"Envie os habitantes das cidades para o campo."

"Nivele os lucros de todos os negócios."

"Empreste dinheiro sem juros a todas as pessoas que queiram pedir emprestado."

"Emancipe a Itália, a Polônia e a Hungria."

"Aperfeiçoe o cavalo de sela."

"Incentive as artes e nos forneça músicos e dançarinos."

"Restrinja o comércio e crie ao mesmo tempo uma marinha mercante."

"Descubra a verdade e coloque um pouco de bom senso na mente das pessoas. A missão do Estado é iluminar, desenvolver, fortalecer, espiritualizar e santificar a alma do povo."

"Tenham um pouco de paciência, senhores", responde o Estado em tom de súplica. "Farei o possível para satisfazê-los, mas preciso de recursos para isso. Estou elaborando cinco ou seis impostos novos em folha e só um pouco penosos, quase nada. As pessoas pagarão de bom grado, vocês verão."

Mas essa ideia não é bem recebida:

"Não! Alto lá! Que mérito há em receber recursos para fazer as coisas? Para isso não precisamos do Estado. Não queremos que nos sobrecarregue com novos impostos, queremos é que elimine os impostos antigos. Acabe com o imposto do sal, com o imposto das bebidas, com o imposto das cartas, com o imposto alfandegário, com as patentes."

Em meio a esse tumulto e depois que o país mudou de governo duas ou três vezes por não ter todas as suas demandas satisfeitas, eu quis mostrar que essas demandas eram contraditórias. Mas o que diabos eu estava pensando? Não poderia guardar essa observação infeliz para mim mesmo?

Minha reputação se desgastou porque sou visto como um homem sem coração e sem sentimentos — um filósofo austero, um individualista, um homem grosseiro —, em suma, um economista da escola inglesa ou da escola americana. Perdoem-me, escritores sublimes, que não se detêm diante de nada, nem mesmo de contradições. Estou errado, não resta dúvida, e ficaria contente em me retratar. Bastante contente, na verdade — se você tivesse mesmo descoberto um ser benevolente e inesgotável chamado Estado, que tem pão para todas as bocas, trabalho para todas as mãos, capital para todos os empreendimentos, crédito para todos os projetos, bálsamo para todas as feridas, remédio para todos os sofrimentos, conselhos para todas as perplexidades, soluções para todas as dúvidas, verdades para todos os intelectos, divertimento para todos os que buscam distração, leite para a infância e vinho para a velhice. Um ser capaz de satisfazer todas as nossas necessidades e também todas as nossas curiosidades, corrigir todos os nossos erros, reparar todas as nossas falhas e nos dispensar da necessidade de ter prudência, julgamento, perspicácia, experiência, ordem, economia, sobriedade e atividade.

Por que motivo eu não desejaria que tamanha descoberta fosse feita? Na verdade, quanto mais penso nesse assunto, mais certeza tenho de que seria extremamente conveniente para todos nós ter ao nosso alcance uma fonte inesgotável de riqueza e luz — um médico universal, uma carteira interminável e um conselheiro infalível, como você afirma que o Estado deve ser. Portanto, quero que o mostrem para mim, que o definam para mim; e um prêmio será entregue ao primeiro descobridor desse fenômeno tão mágico. Pois ninguém pensaria em afirmar que essa preciosa descoberta já foi feita, considerando que até agora tudo o que se apresenta sob o nome de Estado é imediatamente rechaçado pelo povo, justamente porque não cumpre os requisitos amplamente contraditórios do programa.

A esse respeito, temo que sejamos ludibriados por uma das mais estranhas ilusões que já se apossaram da mente humana.

O homem se esquiva do problema, do sofrimento, porém é condenado pela natureza a sofrer privação caso se esquive de trabalhar. Então precisa escolher entre esses dois males. De que maneira ele poderia evitar ambos? A saída que resta, agora e sempre, é tirar vantagem do trabalho dos outros. Essa alternativa impede que o problema e o prazer assumam a sua dimensão natural, destinando a um grupo de pessoas todos os problemas e a outro grupo todos os prazeres. Essa é a origem da escravidão e da pilhagem, seja qual for a sua forma: guerras, impostos, violência, restrições, fraudes etc. — abusos monstruosos, mas compatíveis com o pensamento que os gerou. A opressão não pode ser considerada algo trivial; devemos detestá-la e resistir a ela.

A escravidão está acabando, graças ao bom Deus! Por outro lado, nossa disposição a defender a propriedade impede que a pilhagem pura e simples seja fácil.

Contudo permanece ainda em todos os homens a inclinação original para dividir o caminho da vida em duas partes, lançando os problemas nas costas de outros e guardando os prazeres para si mesmos. Resta mostrar a nova forma sob a qual essa tendência ruim vem se manifestando.

O opressor já não age mais contra a sua vítima de maneira direta e usando os seus próprios poderes. Não, o nosso tato se tornou desenvolvido demais para isso. O tirano e a vítima ainda estão presentes, mas há um elemento intermediário entre eles, que é o Estado — ou seja, a própria lei. O que pode ser mais apropriado para silenciar nossos escrúpulos e (o que talvez seja mais bem apreciado) superar toda a resistência? Portanto, todos nós fazemos reivindicações ao Estado, sob esse ou aquele pretexto. Nós dizemos a ele:

"Estou insatisfeito com a proporção entre o meu trabalho e os meus prazeres. Para recuperar o equilíbrio que desejo, eu gostaria de pôr as mãos nas posses de outras pessoas. Mas isso seria arriscado. Você não poderia facilitar as coisas para mim? Conseguir-me um bom lugar? Ou então sabotar um pouco os negócios dos meus concorrentes?

Ou, quem sabe, emprestar-me gratuitamente algum capital (que você pode tirar de alguém)? Você não poderia criar os meus filhos à custa do povo? Ou me conceder alguns subsídios? Ou garantir-me uma pensão quando eu me aproximar da idade de cinquenta anos? Desse modo cumprirei o meu objetivo com a consciência tranquila, pois a lei terá me beneficiado, e eu terei todas as vantagens da pilhagem sem correr risco nem cair em desgraça!"

Por um lado, todos nós certamente fazemos pedidos semelhantes ao Estado; por outro, está provado que o Estado não pode satisfazer alguns sem aumentar o trabalho de outros. Sendo assim, até que eu consiga obter outra definição para o termo "Estado", sinto-me autorizado a dar a minha própria. Quem sabe não ganho o prêmio eu mesmo?

Eis a minha definição:

Estado *é uma grande ficção, por meio da qual todos buscam viver à custa de todo mundo.*

Hoje em dia, assim como antigamente, todos (alguns mais, outros menos) estão dispostos a lucrar com o trabalho de outros. Ninguém ousaria confessar tal sentimento, as pessoas escondem isso até de si mesmas. Como fazem então? Um mediador é escolhido, o Estado é acionado, e cada classe lhe faz sua solicitação: "Você pode receber de maneira justa e honesta; então tire dos cofres públicos e nós dividiremos". Infelizmente é assim. O Estado está mais do que disposto a realizar esse tipo de pedido diabólico, pois é composto de ministros e funcionários públicos — homens que, em suma, desejam do fundo do coração aumentar sua riqueza e sua influência e sempre aproveitam avidamente as oportunidades que têm nesse sentido. O Estado não demora a se dar conta das vantagens que pode obter com a parte que lhe é confiada pelo povo. O Estado se alegra por ser juiz e mestre do destino de todos. Ele tira muito e ficará com grande parte. Multiplicará o número dos seus agentes, terá os seus privilégios aumentados e acabará se apropriando de uma proporção nociva.

Contudo, a parte mais impressionante disso é a espantosa cegueira das pessoas enquanto tudo acontece. Quando os soldados vitoriosos reduziam os vencidos à escravidão, isso era um ato bárbaro, porém não irracional. Seu objetivo, assim como o nosso, era viver à custa de outras pessoas, e foi o que eles fizeram. O que pensar de um povo que aparentemente nunca desconfia de que a pilhagem recíproca não deixa de ser pilhagem por ser recíproca; de que não deixa de ser criminosa por ser realizada de modo legal e com ordem; de que nada acrescenta ao bem público; de que apequena o bem público na exata proporção do custo que representa esse caro intermediário que chamamos de Estado?

E nós, para a edificação do povo, colocamos essa grande quimera no frontispício da Constituição. Eis o início do preâmbulo:

A França constituiu-se numa república com o propósito de elevar todos os cidadãos ao grau mais elevado possível de moralidade, entendimento e bem-estar.

Disso se depreende que é a França — ou uma abstração — que elevará os franceses — pessoas *reais*, de carne e osso — à moralidade, ao bem-estar etc. Cedendo a essa estranha ilusão, não somos levados a esperar tudo de uma energia que não provém de nós? Não estamos proclamando que existe separadamente dos franceses um ser virtuoso, esclarecido e rico que pode e vai despejar benefícios sobre eles? Não estamos supondo, e certamente com grande arrogância, que há entre a França e os franceses — entre a simples, resumida e abstrata denominação de todas as individualidades e essas próprias individualidades — relações semelhantes às de pai e filho, tutor e aluno, professor e estudante? Sei que se diz com muita frequência "O país é uma mãe amorosa". Mas, para constatar a futilidade da proposição constitucional, basta mostrar que se pode revertê-la, sem inconvenientes e até mesmo com vantagens:

> Os franceses se constituíram numa república para elevar a França ao grau mais elevado possível de moralidade, entendimento e bem-estar.

Ora, de que vale um axioma no qual sujeito e predicado podem trocar de lugar sem que haja desordem? Todos entendem o significado disto: "A mãe alimentará a criança". Mas seria ridículo dizer: "A criança alimentará a mãe".

Os norte-americanos tinham uma ideia diferente das relações entre os cidadãos e o Estado quando colocaram estas simples palavras no início da sua constituição:

> Nós, o povo dos Estados Unidos, com o objetivo de formar uma união mais perfeita, de estabelecer a justiça, de garantir a tranquilidade interior, de prover nossa defesa comum, de aumentar o bem-estar geral e de assegurar os benefícios da liberdade para nós e para a nossa posteridade, decretamos etc.

Não há aqui divagação quimérica, não há *abstração*, nada a partir do que os cidadãos possam demandar alguma coisa. Eles não esperam nada exceto de si mesmos e de sua própria energia.

Quanto à crítica que dirijo às primeiras palavras da nossa Constituição, devo observar que a minha queixa não é simplesmente uma alusão metafísica, como pode parecer à primeira vista.

Posso afirmar que essa deificação do governo foi, no passado, e será, no futuro, campo fértil para calamidades e revoluções.

De um lado, o povo, do outro, o Estado, representando duas entidades distintas. O último é obrigado a fazer concessões ao primeiro, e o primeiro tem o direito de requerer do último todos os benefícios humanos que se possam imaginar. Qual será a consequência disso?

Na verdade, o Estado não é impotente e não poderia ser. Tem duas mãos — uma para receber, outra para dar; em outras palavras, tem uma mão áspera e outra lisa. A atividade da segunda mão está obrigatoriamente subordinada à atividade da primeira. A rigor, o governo pode tomar e não devolver. Isso é evidente e pode ser explicado pela natureza porosa e absorvente de suas mãos, que sempre retêm uma parte (e às vezes a totalidade) do que tocam. Mas algo que nunca foi visto, e jamais será, e nem ao menos concebido, é o Estado devolvendo ao povo mais do que tirou dele. Sendo assim, é ridículo aparecermos diante do Estado com uma atitude humilde de mendigos. É absolutamente impossível para ele conceder um benefício particular a qualquer uma das individualidades que compõem a comunidade sem impor um estrago maior a toda a comunidade.

Nossas exigências, portanto, deixam o Estado em um dilema.

Quando o Estado se recusa a atender os pedidos que lhe são feitos, é acusado de fraqueza, má vontade e incapacidade. Quando se esforça para atendê-los, é obrigado a sobrecarregar o povo com novos impostos — fazendo assim mais mal do que bem e atraindo sobre si o desagrado geral.

Dessa maneira, o povo tem duas esperanças, e o governo faz duas promessas: muitos benefícios e nenhum imposto. Esperanças e promessas que jamais será possível realizar, pois são contraditórias.

Ora, não é essa a causa de todas as nossas revoluções? Pois entre o Estado, que espalha promessas impossíveis de cumprir, e o povo, que alimenta esperanças que jamais se realizarão, interpõem-se duas classes de homens — os ambiciosos e os utópicos. Esses homens se guiam pelas circunstâncias. Esses servos da popularidade só precisam clamar ao povo: "Vocês estão sendo enganados pelas autoridades! Se estivéssemos no lugar deles, nós os encheríamos de benefícios e os isentaríamos de impostos".

E o povo acredita, e o povo espera, e o povo faz uma revolução!

E assim que eles conseguem colocar os seus amigos em posições de poder, começam a exigir deles o cumprimento das promessas. "Deem-nos trabalho, alimento, assistência, crédito, educação, colônias", o povo clama; "e ao mesmo tempo nos livrem dos impostos, como vocês prometeram".

Os integrantes do novo governo não ficam menos constrangidos que os do governo anterior, pois rapidamente descobrem que é bem mais fácil prometer do que cumprir. Tentam ganhar tempo para que os seus ambiciosos projetos possam amadurecer. No início, fazem algumas tentativas tímidas: introduzem um pouco de instrução elementar, fazem uma pequena redução no imposto de bebidas (1850). Mas a contradição está sempre presente, mostrando a sua cara feia: se quiser praticar filantropia, terá de aumentar os impostos; se negligenciar a sua tributação, terá de abrir mão da filantropia.

Essas duas promessas são sempre conflitantes, e não poderia ser diferente. Viver de crédito — que é o mesmo que debilitar o futuro — é sem dúvida um recurso útil de reconciliação no presente: busca-se realizar um pouco de bem agora à custa de um grande mal no futuro. Contudo tais procedimentos suscitam o fantasma da falência, que põe fim ao crédito. O que se pode fazer então? Diante disso, o novo governo toma uma decisão ousada: une todas as suas forças para se manter, recorre a medidas arbitrárias, repudia as suas máximas de sempre, anuncia que, se não tomar medidas impopulares, será impossível administrar o país. Em resumo, ele se declara *governo*. A essa altura, outros aspirantes à popularidade já esperam por isso. Eles exibem a mesma ilusão, trilham o mesmo caminho, alcançam o mesmo sucesso e logo são tragados pelo mesmo abismo.

E assim chegamos ao mês de fevereiro.* Na ocasião, a ilusão, que é o tema deste artigo, em conexão com as doutrinas socialistas, havia seduzido mais o povo do que em qualquer período anterior. Esperava-se, com mais vigor do que nunca, que o Estado, sob forma republicana, abrisse em grande estilo a fonte de benefícios e fechasse a dos impostos. "Já nos enganaram muitas vezes", as pessoas diziam, "mas dessa vez ficaremos atentos para não sermos enganados novamente!"

O que o governo provisório poderia fazer? Lamentavelmente, apenas o que sempre se faz em circunstâncias parecidas: ganhar tempo com promessas. Foi o que aconteceu, claro, e para dar mais força às suas promessas anunciou-as publicamente desta maneira:

> Aumento da prosperidade, diminuição do trabalho, assistência, crédito, educação gratuita, colônias agrícolas, cultivo de terrenos abandonados, e ao mesmo tempo a redução dos impostos do sal, da bebida, das cartas, da carne. Tudo isso será concedido quando a Assembleia Nacional se reunir.

A Assembleia Nacional se reúne, e, como é impossível realizar duas ações contraditórias, a sua tarefa — sua triste tarefa — é retirar todos os decretos do governo provisório, um após o outro, do modo mais delicado possível. Contudo, para compensar um pouco a crueldade do logro, é necessária alguma negociação. Certos compromissos são cumpridos, outros são iniciados até certo ponto, portanto a nova administração é forçada a inventar alguns novos impostos.

Agora, transporto-me em pensamento alguns meses à frente e, com tristes pressentimentos, pergunto-me o que acontecerá quando os agentes do novo governo começarem a cobrar novos impostos sobre herança, renda e lucros da agricultura. Espero que os meus pressentimentos não se concretizem, mas suspeito que os aspirantes à popularidade terão tempos difíceis pela frente.

Leia o último manifesto dos montanheses** — aquele que eles publicaram na ocasião da eleição do presidente. É bastante longo, mas termina com as seguintes palavras:

---

* Isso foi escrito em 1849.
** Os jacobinos.

"*O governo deve oferecer tudo ao povo e tirar pouco dele*". É sempre a mesma tática, ou melhor, o mesmo equívoco.

"Cabe ao Estado oferecer instrução e educação gratuitas a todos os cidadãos."

Cabe ao Estado oferecer "uma educação profissional geral e adequada, adaptada o melhor possível às necessidades, às vocações e às capacidades de cada cidadão".

Cabe ao Estado "Ensinar a cada cidadão seu dever para com Deus, para com o homem e para consigo mesmo; desenvolver seus sentimentos, suas inclinações e suas faculdades; ensinar-lhe enfim a parte científica do seu trabalho; ajudá-lo a compreender os seus próprios interesses e torná-lo ciente dos seus direitos".

Cabe ao Estado "Providenciar para que estejam ao alcance de todos a literatura e as artes, o patrimônio do pensamento, os tesouros da mente e todos os prazeres intelectuais que elevam e fortalecem a alma".

Cabe ao Estado "Oferecer indenização por todo acidente — causado por fogo, inundação etc. — em que um cidadão se envolva" (O *et Cetera* contém mais do que se possa pensar).

Cabe ao Estado "Dar assistência nas relações do capital com o trabalho e tornar-se o regulador do crédito".

Cabe ao Estado "Proporcionar à agricultura fomento significativo e proteção eficaz".

Cabe ao Estado "Adquirir ferrovias, canais e minas e, sem dúvida, fazer negócios com a capacidade comercial que a caracteriza".

Cabe ao Estado "Estimular experimentos úteis, promovê-los e empregar todos os meios possíveis para torná-los bem-sucedidos. Como regulador de crédito, exercerá a sua vasta influência sobre associações industriais e agrícolas para garantir-lhes o sucesso".

O Estado é obrigado a fazer tudo isso, além dos serviços com os quais já está comprometido. Ademais, espera-se que sempre mantenha uma atitude ameaçadora para com estrangeiros, porque, segundo aqueles que assinaram o programa, "Ligados por essa união sagrada e pelos precedentes da República Francesa, conduzimos nossos desejos e esperanças para além das fronteiras que o despotismo traçou entre as nações. Os direitos que almejamos para nós mesmos também desejamos para todos os que são oprimidos pelo jugo da tirania. Desejamos que o nosso glorioso exército seja ainda, se necessário, o exército da liberdade".

Não é difícil perceber que a *mão gentil* do governo — aquela boa mão que dá e distribui — não terá descanso sob o governo dos montanheses. Talvez você pense que o mesmo acontecerá com a mão áspera — a mão que ataca os nossos bolsos. Não se iluda. Os aspirantes à popularidade não conheceriam o seu negócio se não tivessem o cuidado de esconder a mão áspera quando exibem a mão gentil.

O reinado deles será com certeza um deleite para os contribuintes.

"Devemos taxar", eles dizem, "o supérfluo, não o necessário."

Será mesmo feliz o dia em que o tesouro, sem saber mais o que fazer para nos cumular de benefícios, considerará suficiente realizar deduções nos nossos supérfluos!

Mas isso não é tudo. Os montanheses pretendem que "os impostos percam seu caráter opressivo e sejam apenas um ato de fraternidade". Santo Deus! Sei que está em voga alardear fraternidade por toda parte, mas eu jamais poderia imaginar que um dia ela seria praticada por coletores de impostos.

Vamos aos detalhes dados pelos que assinam o programa: "Desejamos a abolição imediata dos impostos que afetam as necessidades absolutas da vida, como sal, bebidas etc. etc.

"Queremos a revisão dos impostos sobre propriedades agrícolas, dos impostos alfandegários e dos relacionados a patentes.

"Justiça gratuita — isto é, a simplificação das suas formas e a redução dos seus custos" (isso sem dúvida é uma referência a selos).

Portanto, impostos alfandegários, sobre propriedade agrícola, patentes, selos, sal, bebidas, correio — nada fica de fora. Esses cavalheiros descobriram o segredo que permite que a mão gentil do Estado não pare um só instante de trabalhar enquanto paralisam totalmente a sua *mão áspera*.

Bem, tenho uma pergunta para o leitor imparcial: isso não é infantilidade? Pior ainda, não é uma infantilidade perigosa? Não é inevitável que enfrentemos revoluções uma após a outra se existe esse empenho de não parar até que se realize esta contradição: "Não dar nada ao Estado e receber muito dele"?

Caso os montanheses chegassem ao poder, não acabariam se tornando vítimas dos próprios meios que utilizaram para conquistá-lo?

Cidadãos! Existiram em todos os tempos dois sistemas políticos, e há bons motivos para que ambos sejam preservados. De acordo com um desses sistemas, o Estado deve fazer muito, mas por outro lado deve tirar muito. E de acordo com o outro sistema, essa dupla atividade deve ser mais branda. Temos de escolher entre esses dois sistemas. Mas criar um terceiro sistema que substitua os outros dois, um sistema que se resume a exigir tudo do Estado sem lhe dar nada — isso é quimérico, absurdo, infantil, contraditório e perigoso. Aqueles que proclamam esse sistema pelo prazer de acusar todos os governos de serem fracos, a fim de expô-los aos seus ataques, estão somente lisonjeando e enganando vocês enquanto enganam a si mesmos.

Quanto a nós, consideramos que o Estado não deve ser outra coisa senão força comum organizada; não deve ser instrumento de opressão e pilhagem mútua entre cidadãos — pelo contrário, deve garantir a cada um o que é seu e cuidar para que a justiça e a segurança reinem.

— Maldito dinheiro! Maldito dinheiro! — gritava o economista F. desesperadamente quando chegou do Comitê de Finanças, onde um projeto de papel-moeda acabara de ser discutido.

— Qual é o problema? — eu disse. — O que provocou esse súbito ódio pela mais aclamada de todas as divindades desse mundo?

[F.] — Dinheiro maldito! Dinheiro abominável!

[B.] — Você me assusta. Ouço a paz, a liberdade e a vida chorando, e Brutus chegou a ponto de dizer "Virtude, és apenas uma palavra!". O que aconteceu?

[F.] — Dinheiro abominável! Maldito, maldito!

[B.] — Vamos, acalme-se e procure raciocinar. O que aconteceu com você? Croesus o está atacando? Jones passou você para trás? Smith está difamando você nos jornais?

[F.] — Eu nem tenho contato com Croesus. Smith não perderia tempo me difamando, pois sou insignificante. Quanto a Jones...

[B.] — Ah, já entendi. Como eu pude ser tão cego? Você também é o inventor de uma reorganização social; inventor do sistema F. De fato, a sua sociedade deve ser mais perfeita que a de Esparta, portanto todo o dinheiro tem de ser completamente banido dela. Sei o que o incomoda: você não sabe como convencer o seu povo a jogar fora o conteúdo das suas bolsas. Mas não se angustie dessa maneira. Essa é a pedra que todos os reorganizadores têm de quebrar. Qualquer um poderia operar maravilhas se conseguisse superar todas as forças contrárias, e se toda a humanidade consentisse em se tornar cera mole em seus dedos. Mas os homens estão determinados a não serem cera mole; eles escutam, aprovam ou desprezam — e seguem como antes.

[F.] — Graças a Deus essa moda ainda não me atraiu. Em vez de inventar leis sociais, estou estudando aquelas que a Providência achou por bem criar, e é um prazer descobrir que são admiráveis em seu desenvolvimento gradual. Por esse motivo é que estou exclamando "Dinheiro abominável!" dessa maneira.

---

* Publicado em 1849.

[B.] — Então você é um discípulo de Proudhon? Bem, há uma maneira bem fácil de resolver essa questão e deixá-lo satisfeito. Jogue a sua carteira no rio, mas guarde algumas letras de câmbio no banco.

[F.] — Se eu estou protestando contra o dinheiro, acha mesmo que vou tolerar esse substituto desonesto dele?

[B.] — Então só me resta um palpite para explicar a sua atitude. Você é um novo Diógenes e vai me amolar com um discurso interminável sobre o desdém pelas riquezas.

[F.] — Deus me livre disso! Você não vê? As riquezas não representam apenas dinheiro. Elas são pão para o faminto, roupa para o nu, combustível para aquecer, uma carreira para o seu filho, um dote para a sua filha, um dia de descanso depois da labuta, remédio para o doente, uma pequena ajuda para uma pessoa pobre, abrigo contra a tempestade, distração para um cérebro fatigado pela preocupação, o incomparável prazer de fazer felizes as pessoas que amamos. Riquezas são educação, independência, dignidade, confiança, caridade; elas são progresso e civilização. As riquezas são o admirável resultado civilizatório de dois agentes admiráveis e ainda mais civilizadores do que as próprias riquezas: o trabalho e o mercado.

[B.] — Mas isso não faz sentido. Agora você está entoando louvores às riquezas, quando um instante atrás as estava amaldiçoando!

[F.] — Ora, você não percebe que foi apenas capricho de economista? Eu protesto contra o dinheiro justamente porque todos o confundem com riquezas, como você acabou de fazer, e porque essa confusão é causa de incontáveis erros e calamidades. Eu clamo contra o dinheiro porque a sua função na sociedade não é compreendida e é muito difícil de explicar. Clamo contra o dinheiro porque ele confunde todas as ideias, faz os meios serem tomados pelo fim, o alfa pelo ômega; porque a sua presença no mundo, embora proveitosa em si mesma, introduziu por outro lado uma noção fatal, uma perversão de princípios, uma teoria contraditória que de várias maneiras empobreceu a humanidade e cobriu a terra com sangue. Clamo contra ele por me sentir incapaz de lutar contra o erro que nasceu dele; tudo que posso fazer é um longo e cansativo discurso que não será ouvido por ninguém. Ah, se eu pudesse encontrar um ouvinte atento, paciente e que saiba pensar!

[B.] — Bem, não podemos permitir que por falta de uma vítima você continue nesse estado de irritação. Eu vou ouvi-lo; por isso fale, discurse, não se refreie de forma nenhuma.

[F.] — Promete ouvir com interesse?

[B.] — Prometo ter paciência.

[F.] — Isso não é grande coisa.

[B.] — É tudo que posso oferecer. Então comece e em primeiro lugar me explique como um equívoco relacionado ao dinheiro, se é que houve erro, pode ser a raiz de todos os erros econômicos.

[F.] — Mas agora é possível que você me assegure conscientemente que isso jamais aconteceu, que você jamais confundiu riqueza com dinheiro?

[B.] — Não sei. De qualquer modo, porém, que consequência teria tal confusão?

[F.] — Nada de mais. Uma falha no seu cérebro, que não teria poder sobre suas ações; porque você pode perceber que quando se trata de trabalho e de negócios, embora cada um tenha a sua própria opinião a respeito, todos agimos da mesma maneira.

[B.] — Seria como caminhar com base no mesmo princípio, embora não concordemos quanto à teoria do equilíbrio e da força da gravidade.

[F.] — Precisamente. Uma pessoa que estivesse convencida de que durante a noite nossas cabeças e pés mudam de lugar seria capaz de escrever livros ótimos sobre o assunto, mas ainda assim teria de andar como todo mundo.

[B.] — Também penso assim. Apesar disso, ele logo teria problemas por ser excessivamente lógico.

[F.] — Do mesmo modo, um homem que decidisse que o dinheiro é a verdadeira riqueza e levasse essa ideia até o fim morreria de fome. Essa teoria é falsa por esse motivo; pois não há teoria verdadeira exceto a que resulta dos próprios fatos, como se manifesta em todos os tempos e em todos os lugares.

[B.] — Eu posso entender que, do ponto de vista prático e sob a influência do interesse pessoal, os efeitos prejudiciais do ato equivocado tenderiam a corrigir uma falha. Mas se aquilo de que você fala tem tão pouca influência, por que então o aborrece tanto?

[F.] — Porque, quando um homem decide pelos outros e não por si mesmo, o interesse pessoal (aquela sentinela sempre alerta e racional) não está mais presente para gritar "Pare! A responsabilidade não é sua". Pedro é enganado, e é João quem sofre; o falso sistema do legislador necessariamente se torna a regra de ação para populações inteiras. Observe a diferença. Qualquer que seja a sua teoria sobre dinheiro, o que você faz quando está com muita fome e tem dinheiro?

[B.] — Vou a uma padaria comprar pão.

[F.] — Você não hesita em usar o seu dinheiro?

[B.] — A única utilidade do dinheiro é comprar o que se quer.

[F.] — E suponhamos que o padeiro tivesse sede; o que faria ele?

[B.] — Ele iria até o vendedor de vinho e compraria vinho com o dinheiro que eu lhe tivesse dado.

[F.] — Quê? Ele não teria receio de ficar arruinado?

[B.] — A verdadeira ruína seria continuar sem comer nem beber.

[F.] — E todas as pessoas no mundo, num mundo livre, agem dessa mesma maneira?

[B.] — Sem sombra de dúvida. Acha que eles deveriam morrer de fome para economizar alguns centavos?

[F.] — Muito pelo contrário: penso que eles agem sabiamente, e só desejo que a teoria seja a imagem exata dessa prática universal. Mas agora suponhamos que você fosse o legislador, o rei absoluto de um vasto império onde não há minas de ouro.

[B.] — Eu, um rei? Isso me agrada.

[F.] — Mais uma vez, suponha que você esteja totalmente convencido de que a riqueza consiste única e exclusivamente em dinheiro: a que conclusão você chegaria?

[B.] — Eu concluiria que a única forma de enriquecer o meu povo ou de ver o meu povo enriquecer pelo próprio esforço seria tomar dinheiro de outras nações.
[F.] — Em outras palavras, empobrecê-las. Assim sendo, a primeira conclusão à qual você chegaria seria a seguinte: uma nação só pode ganhar quando outra perde.
[B.] — Esse axioma tem a aprovação de Bacon e de Montaigne.
[F.] — Isso não torna as coisas menos lamentáveis, pois implica que o progresso é impossível. Duas nações, não mais que dois homens, não podem prosperar lado a lado.
[B.] — Isso é o que parece resultar desse princípio.
[F.] — E tendo em vista que todos os homens ambicionam o enriquecimento, podemos deduzir que todos desejam, de acordo com a lei da Providência, arruinar os seus semelhantes.
[B.] — Isso não é cristianismo, é economia política.
[F.] — Doutrina detestável. Mas continuemos: eu o tornei rei absoluto. Argumentar já não o satisfaz mais; você quer agir. Não há limite para o seu poder. Como você lidaria com essa doutrina — riqueza é dinheiro?
[B.] — Eu me empenharia em aumentar incessantemente a quantidade de dinheiro para o meu povo.
[F.] — Mas não existem minas no seu reino. Como resolveria isso? O que você faria?
[B.] — Eu não faria nada, apenas teria de proibir que dólares saíssem do país, nem um dólar sequer, sob pena de morte.
[F.] — E se o seu povo estivesse faminto e fosse rico?
[B.] — Não importa. No sistema de que falamos, deixar que exportem dólares seria permitir seu empobrecimento.
[F.] — Então, segundo as suas próprias palavras, você os forçaria a agir com base num princípio perfeitamente oposto àquele com base no qual você mesmo agiria em circunstâncias similares. Por quê?
[B.] — Porque somente a minha própria fome me afeta, e a fome de uma nação não afeta os legisladores.
[F.] — Bem, eu posso lhe dizer que o seu plano falharia, e que quando as pessoas tivessem fome nenhuma administração conseguiria impor uma vigilância que evitasse que dólares saíssem e grãos entrassem.
[B.] — Nesse caso, o plano não produziria efeito algum, equivocado ou não. Não faria mal nem bem, portanto não há necessidade de considerações adicionais a respeito.
[F.] — Você se esquece de que é um legislador. Um legislador não deve se deixar abater por bagatelas quando está fazendo experimentos que envolvem outras pessoas. Se a primeira medida não tiver êxito, você precisa encontrar outra maneira de alcançar a sua finalidade.
[B.] — Que finalidade?
[F.] — A sua memória não deve ser muito boa. Ora, a finalidade de aumentar a quantidade de dinheiro no meio do seu povo, que se supõe ser a verdadeira riqueza.
[B.] — Ah, sim, certamente. Perdão. Mas como diz a música, um pouco é melhor do que nada; e em economia política, na minha opinião, isso pode ser dito com mais razão ainda. Mas não sei como elaborar...

[F.] Pense com cuidado. Para começar, peço que você observe que o seu primeiro plano deu apenas uma solução negativa para o problema. Impedir que os dólares deixem o país é a maneira de evitar que a riqueza diminua, mas não é a maneira de aumentar a riqueza.

[B.] Ah! Agora eu começo a ver... A entrada de grãos... Uma ideia brilhante me ocorre... é um plano engenhoso, um método infalível.

[F.] — Devo perguntar-lhe, se me permite: que ideia é essa?

[B.] — Ora, para encontrar uma maneira de aumentar a quantidade de dinheiro.

[F.] — Pode me explicar como faria isso, por favor?

[B.] — Para que a massa de dinheiro cresça constantemente, a primeira condição é que nada seja tirado dela. Isso é evidente, não é?

[F.] — Sem dúvida.

[B.] — E a segunda condição é que acréscimos sejam feitos constantemente. Correto?

[F.] — Com certeza.

[B.] — Assim o problema será resolvido, negativa ou positivamente; por um lado, eu impeço o estrangeiro de retirar dessa massa e, por outro, obrigo-o a aumentá-la.

[F.] — Isso está cada vez melhor.

[B.] — E para isso devem ser elaboradas duas leis simples, nas quais nem sequer se mencione o dinheiro. Uma delas estabelecerá que meus súditos serão proibidos de comprar o que quer que seja no exterior; a outra estabelecerá que eles serão obrigados a vender muito.

[F.] — Um plano muito sensato.

[B.] — É novo? Melhor tratar de patenteá-lo.

[F.] Você não precisa fazer isso; alguém já o superou nisso. Mas você deve tomar cuidado com uma coisa.

[B.] — O que seria?

[F.] — Eu o transformei em um rei absoluto. Se entendi bem, você impedirá que seus súditos comprem produtos estrangeiros. Impedir que entrem no país já será suficiente. Para que isso funcione, serão necessários 30 mil ou 40 mil funcionários de alfândega.

[B.] — Seria bastante caro, sem dúvida. Mas que importância tem isso? O dinheiro que receberiam não sairia do país.

[F.] — Tem razão, e esse é o ponto fundamental nesse sistema. Mas como você faria para garantir vendas no exterior?

[B.] — Eu poderia encorajá-los por meio de prêmios, obtidos com a aplicação de bons impostos sobre o meu povo.

[F.] — Nesse caso, os exportadores, forçados pela concorrência interna, baixariam seus preços de maneira proporcional, e seria como presentear o estrangeiro com os prêmios ou os impostos.

[B.] — Mesmo assim, o dinheiro não sairia do país.

[F.] — Sim, claro. Isso não se discute. Mas, se o seu sistema tiver êxito, os governos de outros países irão adotá-lo. Eles farão planos semelhantes ao seu, e usarão agentes alfandegários, e rejeitarão os seus produtos para que a massa de dinheiro deles — assim como ocorreu com a sua — não diminua.

[B.] — Formarei um exército e derrubarei as barreiras deles.
[F.] — Pois eles formarão um exército e atacarão as suas.
[B.] — Armarei navios, farei conquistas, adquirirei colônias e terei consumidores para o meu povo, que serão obrigados a comer nosso milho e beber nosso vinho.
[F.] — Outros governos farão a mesma coisa. Tentarão tomar as suas conquistas, suas colônias e os seus consumidores; então a guerra se espalhará por todas as partes, e o caos se instalará.
[B.] — Aumentarei os impostos e aumentarei meus funcionários de alfândega, meu exército e minha marinha.
[F.] — Os outros farão o mesmo.
[B.] — Então redobrarei os meus esforços.
[F.] — E os outros vão redobrar os deles. No entanto, nós não temos evidência alguma de que você conseguiria vender em larga escala.
[B.] — É bem verdade. Seria bom se os esforços comerciais se neutralizassem.
[F.] — E os esforços militares também. Mas diga-me: esses funcionários da alfândega, soldados e navios, esses impostos opressivos, essa luta incessante em busca de um resultado impossível, esse estado permanente de guerra aberta ou secreta com o mundo inteiro; tudo isso não é a consequência lógica e inevitável da adoção, pelos legisladores, de uma ideia que, como você mesmo admite, nenhum homem que seja seu próprio senhor põe em prática: a ideia de que "riqueza é dinheiro, e aumentar a quantidade de dinheiro é aumentar a riqueza"?
[B.] — Tenho de concordar. Ou o axioma é verdadeiro, portanto o legislador deve agir como eu descrevi, mesmo que a consequência seja a guerra universal; ou é falso, e então os homens, destruindo-se uns aos outros, somente causam ruína a si próprios.
[F.] — E não se esqueça de que, antes de você se tornar rei, esse mesmo axioma o conduziu por um processo lógico às seguintes máximas: o que um ganha, outro perde. O lucro de um é o prejuízo do outro. Essas máximas sugerem um antagonismo incurável entre todos os homens.
[B.] — É bem verdade. Seja como filósofo, seja como legislador, refletindo ou agindo segundo o princípio de que dinheiro é riqueza, sempre chego a uma conclusão ou a um resultado: guerra universal. Foi bom você ter apontado as consequências antes de iniciar uma discussão sobre isso, de outro modo eu nunca teria a coragem de ouvi-lo até o final do seu discurso sobre economia, porque não é algo que eu aprecie muito, para ser sincero.
[F.] — Eu estava pensando nisso quando você me ouviu praguejando contra o dinheiro! Estava lamentando que os meus compatriotas não tenham determinação para estudar algo que é tão importante saber.
[B.] — Ainda assim, as consequências são assustadoras.
[F.] — As consequências! Por enquanto eu só mencionei uma. Eu poderia ter falado de outras consequências ainda mais fatais.
[B.] — Isso já está ficando assustador! Que outros males podem ter sido causados à humanidade devido a essa confusão entre dinheiro e riqueza?

[F.] — Enumerar esses males levaria um longo tempo. Essa doutrina faz parte de uma família com grande número de membros. O mais velho, que acabamos de conhecer, é conhecido como sistema proibitivo; depois temos o sistema colonial, e em terceiro lugar o ódio ao capital. O último, e o pior de todos, é o dinheiro de papel.
[B.] — Quê! O papel-moeda provém do mesmo erro?
[F.] — Sim, e diretamente. Quando os legisladores, depois de arruinarem os homens por meio da guerra e de impostos, resolvem insistir com a sua ideia, dizem a si mesmos: "O povo está sofrendo porque não há dinheiro suficiente. Vamos fazer algum". E tendo em vista que não é fácil multiplicar metais preciosos, especialmente depois que se esgotaram os alegados recursos da proibição, esses legisladores acrescentam: "Vamos produzir dinheiro fictício. Nada é mais fácil. Dessa maneira cada cidadão encherá os bolsos, e todos ficarão ricos".
[B.] — Esse procedimento é de fato mais diligente que o outro, portanto não leva à guerra externa.
[F.] — Não, mas leva a uma catástrofe doméstica.
[B.] — Você é um reclamão. Acelere o passo e chegue ao fundo da questão. Pela primeira vez estou muito impaciente para saber se dinheiro (ou o seu símbolo) é riqueza.
[F.] — Você tem de admitir que os homens não satisfazem nenhuma das suas necessidades imediatamente com dólares ou com notas de dólar. Quando sentem fome, querem pão; quando estão nus, querem roupas; quando estão doentes, precisam de remédios; quando estão com frio, querem abrigo e aquecimento; quando querem aprender, buscam livros; quando querem viajar, devem ter meios de transporte e assim por diante. A riqueza de um país reside na abundância e na distribuição adequada de todas essas coisas. Portanto, você pode perceber a falsidade dessa soturna máxima de Bacon e se alegrar com ela: "O que um povo ganha outro inevitavelmente perde"; uma máxima expressa de modo ainda mais desalentador por Montaigne: "O lucro de um é o prejuízo do outro". Quando Sem, Cam e Jafé dividiram entre si as imensidões dessa terra, eles sem dúvida tiveram a oportunidade de construir, drenar, semear, colher e conseguir melhores alojamentos, alimentos e vestes, e melhor educação, aprimorando-se e enriquecendo — em suma, aumentando o seu contentamento, sem provocar a diminuição da parte de contentamento que cabia aos seus irmãos. O mesmo ocorre entre duas nações.
[B.] — Não padece dúvida de que duas nações, assim como acontece com dois homens, desvinculadas uma da outra, trabalhando mais e melhor podem prosperar de modo simultâneo sem se prejudicarem entre si. Os axiomas de Montaigne e de Bacon não negam isso. Eles apenas afirmam que, nas transações que são realizadas entre duas nações ou dois homens, se um ganha, o outro deve perder. E isso é evidente, já que a troca não acrescenta nada por si só ao conjunto dessas coisas úteis sobre as quais você falou; pois se após a troca uma das partes receber algo, a outra obviamente perderá algo.
[F.] — A sua concepção de troca é muito incompleta, para não dizer falsa. Se Sem se encontra numa planície que tem milho em abundância, Jafé em uma encosta adaptada para o plantio da videira, Cam em uma rica pastagem, as diferenças entre as suas atividades,

longe de causarem prejuízo a qualquer um deles, podem levar os três a prosperarem mais. É assim que deve ser, de fato, porque a distribuição do trabalho, introduzida pela troca, terá o efeito de aumentar a massa de milho, vinho e carne que é produzida e tem de ser compartilhada. Como poderia ser diferente quando se permite liberdade nessas transações? Se em um dado momento algum dos irmãos percebesse que o trabalho conjunto, por assim dizer, era perda de tempo, e que trabalhar sozinho era melhor, esse irmão deixaria de trocar. A troca traz consigo o seu apelo à nossa gratidão. O fato de ser realizada prova que é benéfica.

[B.] — Mas o axioma de Bacon é verdadeiro no caso do ouro e da prata. Se admitirmos que em determinado momento existe no mundo uma dada quantidade, ficará perfeitamente evidente que não se pode encher uma bolsa sem esvaziar a outra.

[F.] — Quando se considera o ouro uma riqueza, a conclusão natural é que ocorrem deslocamentos de fortunas entre os homens, mas não progresso geral. É exatamente o que eu disse quando comecei. Se, ao contrário, porém, nós considerarmos a verdadeira riqueza uma fartura de coisas úteis, feitas para satisfazerem nossas necessidades e nossos gostos, percebemos que a prosperidade simultânea é possível. O dinheiro serve somente para facilitar a transmissão dessas coisas úteis de uma pessoa a outra; pode-se fazer isso igualmente bem usando-se uma onça de um metal raro como o ouro, com uma libra de material mais abundante como a prata ou com cem quilos de um metal ainda mais abundante como o cobre. Seguindo essa linha de raciocínio, se um país como os Estados Unidos tivesse à sua disposição a mesma quantidade dessas coisas úteis, seu povo seria duas vezes mais rico, embora a quantidade de dinheiro continuasse a mesma; mas não seria a mesma se houvesse o dobro de dinheiro, pois nesse caso a quantidade de coisas úteis não aumentaria.

[B.] — A questão a ser decidida é se a presença de uma maior quantidade de dólares não tem exatamente o efeito de aumentar a soma de coisas úteis.

[F.] — Que ligação pode existir entre esses dois conceitos? Alimentos, roupas, casas, óleo para aquecimento, tudo vem da natureza e do trabalho, do trabalho mais ou menos habilidoso realizado sobre uma natureza mais ou menos generosa.

[B.] — Você está se esquecendo de uma grande força: a troca. Se você admite que a troca é uma força, assim como admitiu que os dólares facilitam a troca, você também deve permitir que os dólares tenham um poder indireto de produção.

[F.] — Mas eu também mencionei que uma pequena quantidade de metal raro facilita as transações tanto quanto uma grande quantidade de metal abundante; disso se conclui que um povo não enriquece sendo obrigado a renunciar a coisas úteis para ter mais dinheiro.

[B.] — Na sua opinião, então, os tesouros descobertos na Califórnia não aumentarão a riqueza do mundo?

[F.] — De modo geral, não creio que acrescentem muito aos prazeres, às genuínas satisfações da humanidade. Se o ouro californiano for usado para devolver ao mundo o que foi perdido e destruído, pode ser útil. Se aumentar a quantidade de dinheiro, acabará depreciado. Os garimpeiros serão mais ricos do que seriam sem ele. Mas aqueles que possuírem ouro no momento da sua depreciação obterão um pagamento menor pela mesma quantidade. Não posso ver nisso um aumento das verdadeiras riquezas; com efeito, considero isso uma redistribuição de riquezas verdadeiras como as defini.

[B.] — Tudo isso é bastante plausível. Mas você não conseguirá me convencer facilmente de que (todas as outras coisas sendo iguais) se eu tiver dois dólares não sou mais rico do que se tivesse apenas um.

[F.] — Não vou negar isso.

[B.] — E o que é verdade para mim é também verdade para o meu vizinho, e para o vizinho do meu vizinho, e assim por diante, de um para outro, no país inteiro. Portanto, se cada cidadão dos Estados Unidos possui mais dólares, os Estados Unidos devem ser mais ricos.

[F.] — E aqui você, confundindo o indivíduo com o interesse geral, deixa-se levar pelo erro comum de concluir que o que afeta um afeta todos.

[B.] — Ora, e pode haver algo mais certo que isso? O que é verdade para um deve ser verdade para todos. O que são todos senão um conjunto de indivíduos? De acordo com o seu raciocínio, poderíamos também dizer que todo norte-americano poderia subitamente crescer uma polegada a mais sem que a altura média de todos os norte-americanos aumentasse.

[F.] — Seu raciocínio é aparentemente correto, reconheço, e é por esse motivo que a ilusão que ele oculta é tão comum. Contudo, vamos nos aprofundar um pouco nessa questão. Dez pessoas estavam jogando. Para facilitar o andamento das coisas, elas adotaram um sistema: cada pessoa levava dez fichas e mantinha cem dólares sob um castiçal; uma ficha correspondia a dez dólares. Após o jogo, os ganhos foram ajustados e os jogadores tiraram de debaixo do castiçal a quantidade de dólares que correspondia ao número de fichas. Ao ver isso, um deles, um grande aritmético, talvez, mas indiferente em seu raciocínio, disse: "Senhores, a experiência invariavelmente me ensina que no fim do jogo eu constato que ganhei na proporção do número de minhas fichas. Vocês não observaram a mesma coisa em relação a si mesmos? Desse modo, o que é verdade para mim deve ser verdade para cada um de vocês, e o que é verdade para cada um deve ser verdade para todos. Portanto, todos nós ganharíamos mais no final do jogo se todos tivéssemos mais fichas. Nada pode ser mais fácil! Só precisamos distribuir o dobro do número de fichas". E foi o que fizeram. Quando o jogo acabou, porém, eles fizeram o ajuste de ganhos e se deram conta de que o dinheiro debaixo do castiçal não havia sido milagrosamente multiplicado, conforme a expectativa geral. Tiveram de dividir o dinheiro proporcionalmente, e o único resultado obtido (bastante quimérico) foi o seguinte: de fato cada um tinha o dobro de fichas, porém cada ficha já não correspondia a dez dólares; agora correspondia a apenas cinco. Essa situação mostra claramente que o que é verdade para cada um nem sempre é verdade para todos.

[B.] — Entendo. Você supôs um aumento geral de fichas sem o aumento correspondente do montante colocado sob o castiçal.

[F.] — E você supôs um aumento geral de dólares sem um aumento correspondente de coisas, cuja troca é facilitada por esses dólares.

[B.] — Você compara dólares a fichas?

[F.] — Em qualquer outra situação, eu certamente não faria tal comparação; mas faço para fins de argumentação no caso que discutimos agora, que você coloca diante de mim.

Considere o seguinte: para que haja um aumento geral de dólares num país, esse país deve ter minas ou seu comércio deve ser pujante o suficiente para oferecer coisas úteis em troca de dinheiro. Se excluirmos essas duas circunstâncias, é impossível alcançar um aumento universal apenas com dinheiro mudando de mãos; e nesse caso, embora seja verdade que cada um individualmente é mais rico de acordo com a quantidade de dólares que possui, não podemos deduzir o que você deduziu agora, porque um dólar a mais numa bolsa implica obrigatoriamente um dólar a menos em outra bolsa. O mesmo se aplica ao exemplo da altura média que você usou a título de comparação. Se cada um de nós crescesse apenas à custa dos outros, para cada um de nós individualmente seria verdade que a chance de se tornar mais alto existiria, mas isso nunca seria verdade para o todo tomado coletivamente.

[B.] — Que seja. Mas nas duas suposições que você fez o aumento é real, e você tem de reconhecer que tenho razão.

[F.] — Até certo ponto, ouro e prata têm um valor. Para obter esse valor, os homens aceitam dar outras coisas úteis que também têm valor. Quando, portanto, um país tem minas, se ele pode retirar dessas minas ouro suficiente para comprar alguma coisa útil do estrangeiro — uma locomotiva, por exemplo —, ele enriquece com todos os prazeres que uma locomotiva pode proporcionar, exatamente como se a máquina tivesse sido fabricada dentro desse próprio país. Resta saber se um país empreende mais esforços no primeiro procedimento do que no segundo. Pois se não exportasse esse ouro ele se depreciaria, e aconteceria coisa pior do que aconteceu algumas vezes na Califórnia e na Austrália, onde ao menos os metais preciosos são usados na compra de coisas úteis produzidas em outros lugares. Contudo, ainda existe o risco de que eles morram de fome sentados sobre montes de ouro — o que ocorreria se a lei proibisse a exportação de ouro. Já a segunda suposição — a do ouro obtido por meio de comércio — pode ser vantajosa ou desvantajosa: isso dependerá da necessidade que o país tenha desse metal em comparação com a sua necessidade de coisas úteis que precisarão ser fornecidas para que o ouro seja obtido. Não compete à lei julgar isso, mas sim aos próprios interessados nessas transações; porque, se a lei partisse do princípio de que o ouro é preferível às coisas úteis, seja qual for o seu valor, e se atuasse eficazmente na defesa desse princípio, todos os países que seguissem a lei tenderiam a se colocar na estranha posição de ter muito dinheiro para gastar e nada para comprar. É o mesmo sistema representado por Midas, que transformava em ouro tudo o que tocava e em consequência disso corria o risco de morrer de fome.

[B.] — O ouro que é importado pressupõe que algo útil foi exportado, então pode-se considerar que algo de satisfatório foi retirado do país. Mas não há um benefício equivalente? E esse ouro não proporcionará incontáveis satisfações novas, circulando de mão em mão e estimulando o trabalho e a indústria, até que por fim ele deixe por sua vez o país e ocasione a importação de alguma coisa útil?

[F.] — Agora você chegou ao centro da questão. É verdade que um dólar é o principal que ocasiona a produção de todos os objetos cuja troca ele facilita? É evidente que uma peça de ouro ou de prata cunhada com um carimbo de um dólar vale somente um dólar; mas somos levados a crer que esse valor tem uma característica particular: que não se consome como outras coisas ou que se esgota de maneira muito gradativa; que se renova, digamos assim, em cada transação; e, por fim, que esse dólar em particular valeu um dólar tantas vezes quantas foram as transações feitas com ele — que ele próprio vale todas as coisas pelas quais ele foi trocado sucessivas vezes. E acredita-se nisso porque sem esse dólar essas coisas nunca teriam sido produzidas. Costuma-se dizer que o sapateiro teria vendido menos sapatos e como consequência disso teria comprado menos do açougueiro; o açougueiro teria feito menos visitas ao merceeiro, o merceeiro ao médico, o médico ao advogado e assim por diante.

[B.] — Isso é incontestável.

[F.] — Então esse é o momento de analisar a verdadeira função do dinheiro, independentemente de minas e de importações. Você tem um dólar. Que significado tem esse dinheiro em suas mãos? É, digamos assim, o testemunho e a prova de que em um dado momento você realizou algum trabalho, não em seu próprio benefício, mas em benefício da sociedade, representada por seu cliente (empregador ou devedor). Essa moeda de dólar atesta que você realizou um serviço à sociedade e também mostra o valor desse serviço. Além disso, atesta que você ainda não recebeu da sociedade um serviço real correspondente, serviço esse ao qual você tem direito. Para torná-lo capaz de exercer esse direito, na ocasião e da maneira que desejar, a sociedade, representada por seu cliente, concedeu-lhe um reconhecimento, um privilégio da república, um símbolo, um título de propriedade no valor de um dólar, que difere dos títulos executivos somente por ter seu valor em si mesmo. E, se você for capaz de ler com os olhos da sua mente as inscrições gravadas nele, então decifrará nitidamente estas palavras: "Pague ao portador um serviço correspondente àquele que ele prestou à sociedade; o valor devido é mostrado, provado e medido pelo valor representado por mim". Agora, então, você entrega a mim o seu dólar. Se você me der o dólar como pagamento por um serviço, o resultado será o seguinte: a sua conta com a sociedade para satisfações reais está especificada, equilibrada e fechada. Você prestou um serviço por um dólar e agora devolve o dólar por um serviço. No seu caso, tudo está quitado. Quanto a mim, eu agora me encontro na posição em que você estava antes. Sou eu quem no momento está em vantagem com relação à sociedade, pelo serviço que acabo de prestar a ela por meio da sua pessoa. Tornei-me seu credor pelo valor do trabalho que fiz para você, trabalho esse que eu poderia ter feito para mim mesmo. Sendo assim, é para as minhas mãos que o título desse crédito — a prova dessa dívida social — deve passar. Não se pode dizer que eu esteja mais rico: se eu tenho direito a receber algo é porque eu dei algo. Menos ainda se pode dizer que a sociedade está um dólar mais rica porque um de seus membros tem um dólar a mais e outro tem um a menos. Pois se você me entregar esse dólar de graça, eu com certeza ficarei muito mais rico, mas você ficará muito mais pobre; e a riqueza social, tomada em sua totalidade, não sofrerá mudança nenhuma, porque, como eu já disse, essa riqueza consiste em serviços reais, em satisfações reais, em coisas úteis. Você era um credor da sociedade e me tornou um substituto para os seus direitos. Isso não significa muito para a sociedade, que deve um serviço, quer pague a você a dívida quer pague a mim. E a dívida é liquidada assim que o portador do crédito é pago.

[B.] — Mas se todos tivéssemos dólares em grande quantidade, obteríamos da sociedade muitos serviços. Não seria bastante desejável?

[F.] — Você esqueceu que no processo que eu descrevi, e que é um retrato da realidade, nós só obtemos serviços da sociedade porque lhe prestamos alguns. Uma pessoa que fala de um serviço fala ao mesmo tempo de um serviço recebido e devolvido, pois esses dois termos pressupõem um ao outro: um deve ser sempre equilibrado pelo outro. É impossível que a sociedade preste mais serviços do que receba; contudo, a crença em contrário é a quimera que está sendo alimentada por meio da multiplicação de moedas, de papel-moeda etc.

[B.] — Na teoria, tudo isso parece bastante razoável, mas, na prática, quando vejo como caminham as coisas, não posso deixar de pensar que, se por alguma circunstância afortunada a quantidade de dólares pudesse ser multiplicada de tal modo que cada um de nós pudesse ver seu pequeno montante duas vezes maior, todos estaríamos mais tranquilos; todos nós provavelmente faríamos mais compras, e o comércio receberia um incentivo poderoso.

[F.] — Mais compras! E o que compraremos? Artigos úteis, sem dúvida, coisas que provavelmente nos trarão uma substancial gratificação, como alimentos, roupas, casas, livros, quadros. Então você deve começar provando que todas essas coisas se fabricam a si mesmas. Você deve supor que os lingotes de ouro da casa da moeda australiana caem do céu ou que as máquinas de impressão sejam acionadas no Ministério da Fazenda... Pois não é sensato que você acredite que, se a quantidade de milho, tecidos, navios, chapéus e sapatos permanecer a mesma, cada um de nós terá uma parte maior dessas coisas porque cada um vai ao mercado com uma quantidade maior de dinheiro real ou fictício. Lembre-se dos jogadores. Na ordem social, as coisas úteis são aquelas que os jogadores colocam debaixo do castiçal, e os dólares que circulam de mão em mão são as fichas. Se você multiplicar os dólares sem multiplicar as coisas úteis, o único resultado será que mais dólares serão necessários para cada troca, assim como os jogadores solicitaram mais fichas para cada depósito. A prova disso é o que ocorre com o ouro, a prata e o cobre. Por que a mesma troca exige mais cobre do que prata, mais prata do que ouro? Não é porque esses metais estão distribuídos no mundo em diferentes proporções? Que motivo você tem para supor que se subitamente o ouro se tornasse tão abundante quanto a prata não seria necessário tanto de um quanto do outro para comprar uma casa?

[B.] — Talvez você esteja certo, mas eu gostaria que não estivesse. Em meio aos sofrimentos que nos cercam, tão desesperadores em si mesmos e tão perigosos em suas consequências, encontrei um pouco de consolo no pensamento de que havia um método fácil de levar a felicidade a todos os membros da comunidade.

[F.] — Mesmo que o ouro e a prata fossem riquezas verdadeiras, não seria tarefa fácil aumentar a quantidade delas num país onde não há minas.

[B.] — Não seria, mas é fácil substituí-los por outra coisa. Concordo com você: o ouro e a prata servem como mero meio de troca; exceto por isso têm pouca utilidade. O mesmo ocorre com o papel-moeda, as cédulas etc. Então, se todos nós tivéssemos uma grande quantidade de cédulas, poderíamos todos comprar muito e provavelmente nada nos faltaria. Sua teoria cruel dissipa esperanças, ilusões, como queira, que indubitavelmente têm princípio muito filantrópico.

[F.] — Sim, como todos os outros sonhos vazios criados para promover a felicidade universal. A extrema conveniência dos meios que você recomenda é suficiente para expor o seu vazio. Se para satisfazermos todas as nossas necessidades, gostos e desejos fosse preciso apenas imprimir cédulas, você acredita que a humanidade já não teria recorrido a essa alternativa há muito tempo? A descoberta é tentadora; nisso concordo com você. Baniria imediatamente do mundo não apenas a pilhagem, em suas diferentes e lamentáveis formas, mas também o próprio trabalho, exceto a atividade de imprimir notas. Mas nós ainda temos de aprender como usar papel-moeda para comprar casas que ninguém teria construído, ou milho que ninguém teria cultivado, ou ainda têxteis que ninguém se daria ao trabalho de tecer.

[B.] — Há em seu argumento uma coisa que me causa desgosto. Você mesmo afirma que, se não há ganho, também não há perda na multiplicação do instrumento de troca, como se observa no exemplo dos jogadores, que não foram afetados de modo algum por um pequeno engodo. Então, por que recusar a pedra filosofal, que nos ensinaria o segredo de transformar matéria-prima em ouro ou (o que é a mesma coisa) converter papel em dinheiro? Você está tão cegamente preso à lógica que se recusaria a tentar um experimento que não representa risco? Se você estiver errado, então privará a nação — como os seus inúmeros adversários acreditam — de uma imensa vantagem. Se o erro for deles, não haverá nenhum dano, como você mesmo diz, além da esperança malograda. Na opinião deles, tal medida é excelente; já na sua opinião é simplesmente negativa. Que o experimento seja tentado, então! Porque o pior que pode acontecer não é que se concretize um mal, mas que não se concretize um benefício.

[F.] — Em primeiro lugar, o fracasso da esperança é um grande infortúnio para qualquer povo. Também é extremamente indesejável que o governo anuncie a eliminação de vários impostos confiando num recurso que deve sem sombra de dúvida falhar. Contudo, a sua observação mereceria alguma consideração se depois da emissão do papel-moeda e da sua depreciação o equilíbrio de valores ocorresse imediata e simultaneamente em todas as coisas e em todas as partes do país. A medida tenderia, como no exemplo que usei dos jogadores, a uma mistificação universal, diante da qual o melhor que poderíamos fazer seria olhar uns para os outros e rir. Mas não é esse o rumo que as coisas tomam. O experimento foi realizado, e sempre que um governo — seja o rei, seja o Congresso — altera o dinheiro...

[B.] — Quem falou em alterar o dinheiro?

[F.] — Ora, obrigar as pessoas a receberem como pagamento pedaços de papel que foram oficialmente batizados de dólares ou obrigá-las a receber uma peça de prata que pesa apenas meia onça como se pesasse uma onça, mas que ganhou oficialmente o nome de dólar, é a mesma coisa, se não pior; e toda a argumentação que pode ser feita em favor do papel-moeda foi feita em prol do dinheiro falsificado legalmente. Certamente, analisando a questão como você fez — e ao que parece continua fazendo —, quem acredita que multiplicar os instrumentos de troca é multiplicar as próprias trocas e também os itens trocados pode concluir, muito sensatamente, que o meio mais simples seria dividir mecanicamente o dólar cunhado e deixar que a lei desse à metade o nome e o valor do todo. Infelizmente, em ambos os casos a depreciação é inevitável. Acho que já lhe disse por que isso acontece. Também preciso informar que essa depreciação — que no caso do papel pode se estender até se tornar nada — é consequência de fraudes contínuas, cujas vítimas são principalmente pessoas simples, pessoas pobres, trabalhadores e agricultores.

[B.] — Entendo. Mas acho que já basta. Já tivemos uma dose forte demais de economia política para o momento.

[F.] — Que seja. Então nós concordamos em um ponto: que a riqueza é a totalidade de coisas úteis que produzimos por meio do trabalho, ou ainda melhor, é o resultado de todos os esforços que empreendemos para satisfazer nossos desejos e gostos. Essas coisas úteis são trocadas umas pelas outras de acordo com a conveniência daqueles aos quais elas pertencem. Essas transações podem ser realizadas de duas maneiras. O escambo é uma delas. No escambo, quem presta determinado serviço recebe imediatamente um serviço correspondente. Nesse caso, as transações seriam excessivamente limitadas. Para que as transações pudessem se multiplicar e ser realizadas independentemente do tempo e do espaço entre pessoas que não se conhecem umas às outras, e por frações infinitas, era necessário contar com um agente intermediário — que é o dinheiro. Ele possibilita a troca, que nada mais é do que uma barganha complicada. É para isso que precisamos atentar, é isso que temos de compreender. A troca se fragmenta em duas barganhas, em dois departamentos, venda e compra — cuja reunião é necessária para completá-la. Você vende um serviço e recebe um dólar — e com esse dólar você compra um serviço: só então a barganha estará concluída. A barganha não se completa antes que o seu esforço seja seguido por uma satisfação real. Evidentemente, você trabalha para satisfazer os desejos dos outros, a fim de que outros possam trabalhar para satisfazer os seus desejos. Desde que você tenha o dólar que recebeu por seu trabalho, você tem o direito de solicitar o trabalho de outra pessoa. Quando fizer isso, a evolução econômica se completará no que diz respeito a você, pois só então obterá, na forma de uma satisfação real, a verdadeira recompensa por seu empenho. A ideia de barganha implica um serviço prestado e um serviço recebido. Por que a mesma coisa não aconteceria com a troca, que é somente uma barganha em duas partes? Mas nesse ponto é preciso fazer duas observações. Em primeiro lugar: seja muito, seja pouco, quanto dinheiro existe no mundo é uma circunstância de bem pouca importância. Se há muito, muitas coisas são solicitadas; se há pouco, pouco se deseja em cada transação — e isso é tudo. Em segundo lugar: porque sempre vemos o dinheiro reaparecer em toda troca, ele passou a ser considerado o símbolo e a medida das mercadorias trocadas.

[B.] — Você ainda vai negar que o dinheiro é o símbolo das coisas úteis de que você fala?

[F.] — Uma moeda de ouro não é mais símbolo de um barril de farinha do que um barril de farinha é símbolo de uma moeda de ouro.

[B.] — Mas que mal há em considerar o dinheiro um sinal de riqueza?

[F.] — Há um inconveniente nisso: leva à ideia de que é preciso apenas aumentar o símbolo para aumentar as coisas simbolizadas; e nós corremos o risco de tomar todas as medidas equivocadas que você tomou quando o tornei rei absoluto. Vou me aprofundar um pouco mais. Assim como enxergamos no dinheiro o símbolo da riqueza, também enxergamos no papel-moeda o símbolo do dinheiro e então concluímos que há um método muito simples e fácil de tornar os prazeres da fortuna acessíveis a todos.

[B.] — Mas você não ousaria contestar que o dinheiro é a medida dos valores, não é? Você não iria tão longe.

[F.] — Eu ouso, sim, tenha certeza disso. Pois é exatamente nisso que se encontra a ilusão. Tornou-se hábito vincular o valor de tudo ao dinheiro. Dizemos que algo vale cinco, dez ou vinte dólares como falamos de algo que pesa cinco, dez ou vinte grãos métricos, ou que mede cinco, dez ou vinte jardas; ou de um terreno que contém cinco, dez ou vinte acres. Isso levou à conclusão de que o dinheiro é a medida dos valores.

[B.] — Bem, as coisas parecem ser mesmo assim.

[F.] — Sim, parecem; e é essa aparência que eu censuro, não a realidade. Uma medida de comprimento, dimensão, superfície representa uma quantidade aprovada e imutável. Isso não acontece com o valor do ouro ou da prata, que varia tanto quanto os valores do trigo, do vinho, do tecido ou do trabalho, e pelas mesmas causas, pois têm a mesma fonte e obedecem às mesmas leis. O ouro é trazido até nós (assim como o ferro) pelo trabalho dos mineiros, pelos investimentos dos capitalistas e pelo esforço combinado de mercadores e marinheiros. Seu preço depende do custo da sua produção, da sua (maior ou menor) quantidade no mercado e de ser muito ou pouco requisitado. Numa palavra, experimenta as flutuações de todas as outras produções humanas. Porém uma circunstância é singular e suscita muitos erros. Quando o valor do dinheiro varia, a variação é atribuída por meio da linguagem aos outros produtos pelos quais o dinheiro é trocado. Desse modo, suponhamos que todas as circunstâncias relacionadas ao dinheiro permaneçam as mesmas, e que a colheita de trigo tenha fracassado. O preço do trigo subirá. Dirão: "O barril de farinha que valia cinco dólares passou agora a valer oito"; e isso será correto, pois o que variou foi o preço da farinha, e a linguagem coincide com o fato. Vamos, contudo, inverter a hipótese e supor que todas as circunstâncias relacionadas à farinha continuem as mesmas, e que metade de todo o ouro existente desapareça. Dessa vez, é o preço do ouro que vai subir. Parece que deveríamos dizer: "Essa moeda de ouro que valia dez dólares agora vale vinte". E de que maneira isso é comunicado? Da seguinte maneira: "A farinha que valia dez dólares agora vale apenas cinco". Como se os outros objetos de comparação tivessem sofrido queda nos preços.

[B.] — Tudo dá na mesma no fim das contas.

[F.] — Sem dúvida. Mas pense por um momento nas perturbações, nas fraudes que ocorrem nas trocas quando o valor do veículo varia sem uma variação correspondente no seu nome que possamos perceber. Moedas ou notas são emitidas com o nome de cinco dólares e continuarão com esse mesmo nome a cada depreciação posterior. Elas sofrerão redução de um quarto do seu valor, da metade do seu valor, mas ainda serão chamadas de moedas ou notas de cinco dólares. Pessoas sagazes tomarão mais cuidado nas negociações e não se separarão dos seus bens se não receberem em troca deles uma quantidade maior de notas, ou seja, pedirão dez dólares pelo que antes teriam vendido por cinco. As pessoas simples, porém, serão ludibriadas. Provavelmente muitos anos se passarão antes que todos os valores encontrem o seu nível adequado. Sob a influência da ignorância e do hábito, o pagamento diário de um trabalhador rural continuará no valor de um dólar, ao passo que todos os artigos de consumo que cercam esse trabalhador terão seu preço de venda aumentado. Ele afundará na privação sem conseguir descobrir por quê. Em suma, já que você deseja que eu encerre a nossa conversação, antes de nos despedirmos peço-lhe que concentre ao máximo a sua atenção neste ponto crucial: uma vez que o dinheiro falso (assuma ele a forma que assumir) é posto em circulação, a depreciação virá e se manifestará pelo aumento de preços de todas as coisas que possam ser vendidas. Mas esse aumento não é imediato e igual para todas as coisas. Pessoas espertas, corretores e homens de negócios não sofrerão com isso, afinal eles têm como ofício acompanhar as flutuações de preços, observar as causas dessas flutuações e até especular sobre elas. Entretanto, pequenos comerciantes, trabalhadores rurais e operários suportarão todo o peso disso. Isso não torna o rico mais rico, mas torna o pobre mais pobre. Portanto, expedientes desse tipo têm o efeito de aumentar a distância que separa a riqueza da pobreza, de paralisar as tendências sociais que conduzem os homens incessantemente ao mesmo nível — e séculos serão necessários para que as classes sofredoras recuperem o terreno perdido no seu avanço rumo à igualdade de condição.

[B.] — Bem, eu preciso ir. Vou meditar sobre a exposição que você fez.

[F.] — Você já terminou a sua argumentação? Mas eu mal iniciei a minha. Ainda não mencionei o ódio popular ao capital e não falei do crédito gratuito (empréstimos sem juros) — uma noção bastante infeliz, um lamentável equívoco, que nasce da mesma fonte.

[B.] — Quê! Essa terrível revolta da população contra os capitalistas surge da confusão que fazemos entre dinheiro e riqueza?

[F.] — Isso resulta de diferentes causas. Infelizmente, certos capitalistas se apropriaram de monopólios e de privilégios que são suficientes para justificar tal sentimento. Mas quando os teóricos da democracia quiseram justificá-la, sistematizá-la, dar a ela a aparência de opinião razoável e virá-la contra a própria natureza do capital, recorreram a essa falsa economia política em cuja raiz se encontra a mesma confusão. Eles disseram ao povo: "Pegue um dólar, coloque-o num copo e esqueça-o por um ano. Depois vá olhá-lo novamente e você se convencerá de que ele não produziu dez centavos, nem cinco centavos, nem nenhuma fração de centavo. Portanto, o dinheiro não produz juro". Então, substituindo a palavra "dinheiro", seu suposto símbolo, pela palavra "capital", usaram a sua lógica para operar essa modificação: "Então o capital não produz juro". Disso se segue essa série de consequências: "Portanto, aquele que empresta capital não deve obter ganho com esse capital; portanto, aquele que lhe empresta capital estará roubando de você se ganhar alguma coisa com isso; portanto, todos os capitalistas são ladrões; portanto a riqueza, que deve servir gratuitamente a quem a toma como empréstimo, pertence na verdade a quem não pertence; portanto não existe propriedade; portanto tudo pertence a todos; portanto...".

[B.] — Isso é muito sério, sobretudo pelo silogismo tão admiravelmente construído. Eu gostaria muito de buscar mais esclarecimento sobre esse assunto. Infelizmente, não consigo mais manter a concentração. Há confusão demais na minha cabeça com relação aos termos "moeda", "dinheiro", "serviços", "capital", "juro"... Mal tenho ideia de onde estou. Por favor, continuemos nossa conversa num outro dia.

[F.] — Enquanto isso, eis aqui uma pequena obra intitulada *Capital e renda*. Talvez possa ajudá-lo com algumas das suas dúvidas. Dê uma olhada nele quando quiser ter um pouco de diversão.

[B.] — Para me divertir?

[F.] — Quem sabe? Um prego substitui outro prego; uma coisa monótona afasta outra.

[B.] — Eu ainda não me convenci de que as suas opiniões sobre dinheiro e economia política estejam corretas. Mas eis o que entendi sobre as suas considerações: que essas questões são de suma importância, pois a paz ou a guerra, a ordem ou a anarquia, a união ou o antagonismo dos cidadãos estão na raiz da resposta que se dê a elas. Como explicar que na França, e na maioria dos países que se consideram extremamente civilizados, seja tão pouco conhecida uma ciência que tanto nos interessa e cuja difusão teria uma influência tão decisiva sobre o destino da humanidade? Será que o Estado é falho no ensino dessa ciência?

[F.] — Não exatamente. Porque o Estado, sem saber, dedica-se a encher a cabeça de todos de preconceitos e o coração de todos de sentimentos que favoreçam o espírito de desordem, guerra e ódio. Assim, quando uma doutrina de ordem, paz e civilidade surge, ela não pode ser aceita; a clareza e a verdade que ela traz não são levadas em conta.

[B.] — Você é definitivamente um terrível resmungão. Que interesse pode ter o Estado em confundir o intelecto das pessoas em favor de revoluções e guerras civis e externas? Há sem dúvida um grande exagero nessas suas palavras.

[F.] — Preste atenção. No período em que nossas faculdades intelectuais começam a se desenvolver, na idade em que as impressões são mais cheias de vida, quando os hábitos da mente se formam com grande facilidade — quando podemos observar a sociedade e compreendê-la —, em suma, quando chegamos à idade de sete ou oito anos, o que faz o Estado? Coloca-nos uma venda nos olhos e nos leva gentilmente do meio social que nos cerca para nos lançar, com nossas faculdades moldáveis e nosso coração impressionável, no meio da sociedade romana. Somos mantidos nesse ambiente por dez anos no mínimo, tempo suficiente para que uma impressão indelével se instale em nosso cérebro. Mas repare que a sociedade romana opõe-se diretamente ao que a nossa sociedade deveria ser. Nessa sociedade, vivia-se pela guerra; na nossa, devemos odiar a guerra. Lá eles odiavam o trabalho; aqui, devemos viver do trabalho. Lá os meios de subsistência foram assentados sobre a escravidão e a pilhagem; aqui, eles devem ser obtidos da livre indústria. A sociedade romana foi organizada em consequência do seu princípio. Admirar o que a fazia prosperar era a sua essência. Lá eles consideravam virtude o que nós consideramos vício. Seus poetas e historiadores tiveram de exaltar o que nós costumamos desprezar. As próprias palavras "liberdade", "ordem", "justiça", "povo", "honra", "influência" etc. não poderiam ter em Roma o mesmo significado que têm, ou deveriam ter, em Paris. Como podemos ter certeza de que todos esses jovens que passaram pela universidade ou por escolas conventuais, educados sob influência de Tito Lívio e de Quintus Curtius, não acabarão entendendo a liberdade como a entendiam os irmãos Graco, ou a virtude como Catão a entendia, ou o patriotismo como César o entendia? Como ter certeza de que eles não se tornarão facciosos e guerreiros? Como podemos esperar que eles tenham algum interesse no funcionamento da nossa ordem social? Você acredita que a mente deles foi preparada para entender a nossa ordem social? Não se dá conta de que para que isso aconteça eles teriam de abrir mão das suas impressões atuais e receber outras totalmente opostas a elas?

[B.] — E o que você conclui disso?

[F.] — Vou lhe dizer. A principal necessidade não é que o Estado eduque, mas que permita a educação. Todos os monopólios são detestáveis, mas o monopólio da educação é o pior de todos.

1. INTRODUÇÃO

Meu objetivo neste tratado é analisar a natureza real do juro sobre o capital, com a intenção de provar que é lícito e de explicar por que deve ser perpétuo. Essa proposta pode parecer radical, mas confesso que tenho mais receio de entediar o leitor com uma série de meros truísmos. Contudo, evitar esse risco não é fácil quando os fatos com os quais temos de lidar são conhecidos por todos, por experiência pessoal, familiar e cotidiana. Mas você então dirá: "Que utilidade tem esse tratado? Por que explicar o que todas as pessoas sabem?". Esse problema pode parecer à primeira vista muito simples, porém há mais nele do que se imagina. Buscarei provar isso usando um exemplo. Thomas empresta hoje uma ferramenta que em uma semana estará completamente gasta, mas esse investimento não produzirá uma quantidade de juro constante para Thomas e seus herdeiros por toda a eternidade. Leitor, você pode dizer honestamente que entende a razão disso?

Seria perda de tempo procurar alguma explicação satisfatória nos escritos dos economistas. Eles não foram muito esclarecedores a respeito das razões para a existência dos juros. Mas não devemos culpá-los por isso, pois, na época em que escreveram, a legitimidade dos seus textos não foi questionada. Agora, porém, os tempos são outros; o caso é diferente. Homens que acreditam estar à frente do seu tempo organizaram uma cruzada eficaz contra o capital e os juros. Esses homens atacam a produtividade do capital; não certos abusos relacionados à administração do capital, mas o próprio princípio.

Alguns anos atrás, o sr. Proudhon fundou em Paris um jornal que se destinava especialmente a promover essa cruzada, e, segundo dizem, esse veículo teve uma circulação muito grande durante algum tempo. O primeiro número publicado continha a seguinte declaração de princípios: "A produtividade do capital, condenada pelo cristianismo sob o nome de usura, é a real causa da miséria, a real origem da privação, o eterno obstáculo ao estabelecimento de uma verdadeira república".

Outro jornal francês, *La Ruche Populaire*, também expressa a sua opinião sobre esse assunto: "Mas acima de tudo o trabalho deve ser livre; isto é, deve ser organizado de tal maneira que *os agiotas e os donos ou controladores de capital não sejam pagos* por conceder a oportunidade de trabalhar, privilégio pelo qual cobram o preço mais alto possível". O único pensamento que noto aqui é o que foi expresso pelas palavras em itálico, que sugerem a negação do direito de cobrar juros.

Um líder conhecido entre os socialistas franceses, sr. Thoré, expressa-se da seguinte maneira:

> A revolução terá de ser sempre recomeçada se continuarmos nos ocupando apenas das consequências, sem ter inteligência ou coragem para atacar o próprio princípio. Esse princípio é o capital, a falsa propriedade, o juro e a usura, que de acordo com a velha tradição pesam sobre o trabalho.
>
> Os trabalhadores encontram-se à mercê dos ociosos desde que os aristocratas inventaram a incrível ficção de que o *capital tem o poder de se reproduzir.*
>
> No final de um ano, você encontrará um dólar a mais num maço de cem dólares? Ao final de catorze anos, seus dólares terão dobrado em sua bolsa?
>
> Precisamos começar a demolir essa ficção fatal.

Citei as afirmações acima somente para fundamentar o fato de que muitas pessoas consideram a produtividade do capital um princípio falso, fatal e perverso. Porém as citações são supérfluas; sabe-se que muitos pobres atribuem sua condição ao que chamam de *tirania do capital*; o significado disso seria a relutância dos proprietários do capital em permitir que outros o usem sem garantia da sua devolução acrescida de uma compensação por seu uso.

Acredito que não exista uma só pessoa no mundo que tenha real consciência da importância desta pergunta:

"O juro sobre o capital é natural, justo, legítimo e tão útil para o tomador do empréstimo que paga quanto para o credor que recebe?"

Você responde "Não"; eu respondo "Sim". Então nós discordamos inteiramente; mas é de extrema importância descobrir qual de nós está certo, ou correremos o risco de dar uma falsa solução ao problema, uma opinião. Contudo, se o erro for meu, o mal não será tão grande. Presume-se que eu não saiba nada sobre os verdadeiros interesses das massas nem sobre a marcha do progresso humano, e que todos os meus argumentos não são mais que grãos de areia que certamente não pararão o trem da revolução.

Por outro lado, se homens como Proudhon e Thoré, na França (John Ruskin, na Inglaterra, e outros, nos Estados Unidos), estiverem errados, então estão desencaminhando o povo — mostrando ao povo o mal onde este não existe e dando assim uma direção falsa às suas ideias, às suas antipatias, aos seus ataques. Em consequência disso, o povo desorientado lança-se numa luta horrível e inútil, na qual a vitória seria mais fatal que a derrota; pois, de acordo com essa suposição, o resultado seria a realização de males universais, a destruição de todos os meios de emancipação, a consumação da sua própria miséria.

E isso foi exatamente o que o sr. Proudhon reconheceu, com perfeita boa-fé. "A pedra fundamental do meu sistema", disse-me ele, "é a *disponibilidade de crédito gratuito*. Se eu estiver enganado a respeito disso, então o socialismo é um sonho vão." Acrescento que é um sonho no qual as pessoas se destroçam. Sendo assim, haverá alguma surpresa se, ao acordarem, elas se derem conta de que estão mutiladas e sangrando? Tal perigo é suficiente para me justificar completamente caso me deixe levar por algumas trivialidades e certa prolixidade no curso da discussão.

2. DEVE O CAPITAL RENDER JUROS?

Esse tratado é endereçado aos trabalhadores, especialmente àqueles que abraçaram as propostas da democracia socialista. As duas indagações que se seguem serão objeto das minhas considerações:

Primeira: é compatível com a natureza das coisas e com a justiça que o capital renda juros?

Segunda: é compatível com a natureza das coisas e com a justiça que os juros sobre capital sejam perpétuos?

Os trabalhadores de todos os lugares certamente reconhecerão que não se poderia discutir um assunto mais importante que esse. Desde o início dos tempos se permitiu, pelo menos em parte, que o capital produzisse juros. Ocorre que ultimamente se passou a afirmar que reside justamente nisso o erro social que causa a pobreza e a desigualdade. Torna-se, portanto, de suma importância saber em que terreno estamos agora.

Se cobrar juros sobre o capital for pecado, os trabalhadores têm o direito de se revoltar contra a ordem social tal qual ela se apresenta. É inútil dizer-lhes que recorram a meios legais e pacíficos: seria um conselho hipócrita. Quando existe de um lado um homem forte, pobre e vítima de roubo, e de outro um homem fraco, porém rico e ladrão, é ridículo tentar persuadir o primeiro dizendo-lhe: "Espere até que o seu opressor renuncie voluntariamente à opressão ou até que ela cesse por si mesma". Isso não funcionará. E aqueles que nos dizem que o capital é improdutivo por natureza devem saber que estão provocando um conflito terrível e desastroso.

Se, ao contrário, o juro sobre capital for uma prática natural, legítima, compatível com o bem geral, benéfica tanto para o tomador quanto para o credor, então os economistas que negam isso, os escritores que sofrem por essa ferida social imaginária estão empurrando os trabalhadores para um esforço insensato e injusto que só poderá ter como resultado o infortúnio de todos. Na verdade, eles estão armando o trabalho contra o capital. Melhor será que esses dois poderes sejam de fato antagônicos, e que a luta termine o quanto antes! Porém, se esses poderes estiverem em harmonia, a luta será o maior mal que se pode infligir à sociedade. Vejam então, trabalhadores, que não há pergunta mais importante do que esta: "Os juros sobre capital são justos ou não?". Se forem, vocês devem renunciar imediatamente à luta para a qual estão sendo conduzidos; se não forem, vocês devem continuar essa luta com determinação e até o fim.

Produtividade do capital, perpetuidade dos juros. Essas são perguntas difíceis. Vou ter de me empenhar para me fazer entender. E para alcançar esse objetivo, vou recorrer mais ao exemplo do que à demonstração; ou melhor, colocarei a demonstração no exemplo. Começo reconhecendo que num primeiro momento pode parecer estranho que o capital pretenda ser remunerado, que dirá ser perpetuamente remunerado. Você dirá: "Eis aqui dois homens. Um deles trabalha de manhã até a noite, o ano inteiro. Se consumir tudo o que ganhou, mesmo possuindo muito vigor, ele continua pobre. Na época do Natal, ele não se encontra em condições melhores que as do início do ano, e não lhe resta alternativa a não ser recomeçar. O outro homem não faz nada, nem com as mãos nem com a cabeça — a não ser que possa obter prazer com isso. Ele pode se dar ao luxo de não fazer nada porque possui uma renda. Ele não trabalha, mas vive bem e tem tudo em abundância: pratos finos, mobília suntuosa, equipamentos elegantes; como se não bastasse, consome diariamente itens que os trabalhadores foram obrigados a produzir com seu suor, porque essas coisas não surgem do nada, e até onde se sabe ele não contribuiu em nada para a produção desses homens. Os trabalhadores é que fizeram crescer o milho, decoraram os móveis e teceram os tapetes. Nossas mulheres e filhas fiaram, cortaram e bordaram esses materiais. Portanto, nós trabalhamos para ele e para nós mesmos; primeiro para ele, depois para nós, se restar alguma coisa.

"Mas eis aqui algo ainda mais formidável. Se o primeiro desses dois homens (o trabalhador) consome no intervalo de um ano todo o ganho que lhe possa ter restado nesse ano, ele está sempre no ponto de onde partira, e seu destino o condena a mover-se incessantemente num círculo contínuo e num esforço monótono. Dessa maneira, o seu trabalho é recompensado apenas uma vez. Mas se o outro, o 'cavalheiro', consome a sua renda anual em um ano, no ano seguinte — e nos seguintes, e por toda a eternidade — ele pode contar com uma renda sempre igual, inesgotável, *perpétua*. Assim, o capital é remunerado não uma nem duas vezes, mas incontáveis vezes, indefinidamente! Desse modo, ao final de cem anos uma família que recebe 5% de juros sobre 20 mil francos terá 100 mil francos, e isso não impedirá que obtenham mais 100 mil francos no século seguinte. Em outras palavras: por 20 mil francos (quantia que representa o seu trabalho), em dois séculos essa família terá cobrado um valor dez vezes maior do trabalho de outros. Nesse arranjo social não há um mal monstruoso a ser consertado? Mas isso não é tudo. Se essa família se dispuser a diminuir um pouco os seus prazeres — gastar, digamos, novecentos francos em vez de mil —, ela poderá aumentar o seu capital e a sua renda sem trabalho algum, sem nenhuma dificuldade a não ser investir cem francos por ano; e aumentará esse capital numa progressão tão veloz que logo poderá se dar ao luxo de consumir o mesmo que consomem cem famílias de trabalhadores esforçados. Tudo isso não prova que a própria sociedade carrega dentro de si um abominável câncer que tem de ser erradicado?"

Essas são, parece-me, as tristes e perturbadoras reflexões que devem ser estimuladas pela ativa e flagrante cruzada que está em curso contra o capital e os juros. Por outro lado, estou convencido de que em alguns momentos surgem dúvidas e escrúpulos em sua consciência. Às vezes, vocês dizem a si mesmos: "Mas declarar que o capital não deve produzir juro é dizer que o indivíduo que fez ferramentas, materiais ou provisões deve entregá-los sem obter compensação. Isso é justo? Se fosse assim, quem emprestaria essas ferramentas, esses materiais, essas provisões? Quem cuidaria deles? E quem iria simplesmente criá-los? Cada um consumiria a sua parcela, e a raça humana não avançaria um passo sequer. O capital não mais seria acumulado, já que não haveria interesse em acumulá-lo. E se tornaria extremamente escasso. Esse seria um passo muito estranho para se alcançar o objetivo de obter empréstimos gratuitamente! Uma modo estranho de melhorar a condição dos tomadores de empréstimos, já que tiraria deles a possibilidade de tomar empréstimos a qualquer preço! E o próprio trabalho, que fim teria? Pois não haveria dinheiro adiantado, e não há nenhum trabalho de que se tenha conhecimento, nem um único, nem mesmo a caça, que possa ser realizado sem algum tipo de capital. E quanto a nós? O que nós faremos? Não nos seria permitido pedir emprestado, para trabalhar na flor da idade, nem emprestar, para podermos repousar em idade avançada? A lei nos roubará a possibilidade de manter uma pequena propriedade, pois nos impedirá de obter qualquer tipo de vantagem com isso. Ela nos privará de todo estímulo para economizar no presente e de toda esperança de descanso no futuro. É inútil trabalharmos tanto; teremos de abandonar a ideia de deixar para nossos filhos uma pequena propriedade, já que as novas teses impedem que façamos isso: pois, se a emprestássemos a juros, seríamos mercadores do esforço dos homens. Infelizmente, o mundo que essas pessoas nos mostram como um bem imaginário é ainda mais triste e desolado do que o mundo que elas condenam, pois neste último pelo menos a esperança não é eliminada". Portanto, em todos os sentidos e sob todos os aspectos, a questão é séria. Devemos nos apressar para obter uma solução.

O Código Civil francês tem um capítulo intitulado "Da maneira de transmitir a propriedade". Quando um homem fez coisas úteis com seu trabalho — em outras palavras, quando gerou valor —, isso só pode passar para as mãos de outra pessoa por um dos seguintes modos: *como doação, por direito de herança, por troca, empréstimo ou roubo*. Farei alguns comentários sobre cada um deles, menos o último (embora esteja mais operante no mundo do que possamos imaginar). Uma *doação* não precisa de definição. É essencialmente voluntária e espontânea. Depende exclusivamente do doador, e não se pode dizer que a pessoa que a recebe tenha algum direito a ela. Sem dúvida, a moral e a religião impõem aos indivíduos, principalmente aos ricos, a tarefa de privar-se voluntariamente do que possuem em prol dos seus irmãos menos afortunados. Mas essa é uma obrigação inteiramente moral. Se fosse imposto por princípio, admitido na prática, sancionado por lei, que todo homem tem direito à propriedade de outro, então a doação não teria mérito — caridade e gratidão não mais seriam virtudes. Além disso, tal doutrina impediria subitamente e em toda parte o trabalho e a produção, pois o frio rigoroso congela a água e interrompe o movimento — afinal, quem trabalharia se não houvesse mais nenhum vínculo entre o trabalho e a satisfação das nossas necessidades? A economia política não levou em conta a questão das doações. Isso levou as pessoas a concluírem que a economia política se opõe a essas coisas e que é portanto uma ciência desprovida de alma. Trata-se de uma acusação ridícula. A ciência que trata das leis resultantes da reciprocidade dos serviços não tem como função investigar as consequências da generosidade para com aquele que recebe uma doação nem seus efeitos (talvez ainda mais benéficos) sobre quem faz uma doação. Tais considerações pertencem evidentemente à ciência da moral. Nós devemos aceitar os limites da ciência; acima de tudo, não devemos acusá-la de negar ou desvalorizar o que considera fora da sua alçada.

O *direito de herança*, contra o qual se tem feito tanta oposição ultimamente, é uma das formas de *doação* — e seguramente a mais natural de todas. Um homem pode consumir, trocar ou dar o que produziu. O que pode ser mais natural do que dar aos próprios filhos? É esse poder, mais do que qualquer outro, que estimula no homem o impulso de trabalhar e economizar. Você sabe por que o princípio do direito de herança é questionado mesmo assim? Porque imagina-se que a propriedade transmitida dessa maneira é saqueada das massas. Esse é um erro fatal. A economia política demonstra sem deixar dúvida que todo valor produzido é uma criação que não prejudica ninguém. Por isso pode ser consumido e, mais ainda, transmitido, sem causar dano a ninguém; mas não vou enveredar por essas reflexões, já que elas não fazem parte do assunto.

A *troca* é o principal departamento da economia política, porque é de longe o método mais frequente de transmissão de propriedade, de acordo com o consentimento livre e voluntário.

A troca propriamente dita é a reciprocidade de serviços. As partes dizem uma à outra: "Dê-me isso, e eu lhe darei aquilo", ou "Faça isso por mim, e eu farei tal coisa por você". Convém observar (pois isso lançará uma nova luz sobre a noção de valor) que a segunda forma está sempre implícita na primeira. Quando dizemos "Faça isso por mim, e eu farei aquilo por você", nós propomos a troca de serviço por serviço. De novo, dizer "Dê-me isso, e eu lhe darei aquilo" é o mesmo que dizer "Eu cedo a você o que fiz, você me cede o que fez". O trabalho é passado, não presente, mas isso não impede que a troca seja regida pela avaliação comparativa dos dois serviços — de modo que é perfeitamente correto dizer que o princípio do valor não está nos próprios produtos, mas sim nos serviços prestados e recebidos em função dos produtos trocados.

Na verdade, raras vezes os serviços são trocados diretamente. Existe um instrumento de intermediação denominado *dinheiro*. Paul confeccionou um casaco, pelo qual deseja receber um pouco de pão, de vinho, de azeite, uma visita a um médico, um ingresso para uma peça etc. Paul não pode realizar a troca dando um produto por outro, então o que ele faz? Primeiro, ele troca o seu casaco por algum dinheiro, numa ação que se denomina venda; depois, troca novamente esse dinheiro pelas coisas que quer, numa ação denominada compra — e apenas nesse momento a reciprocidade de serviço completou o seu circuito, apenas nesse momento o trabalho e a compensação equilibraram-se no mesmo indivíduo: "Eu fiz tal coisa pela sociedade, a sociedade fez tal coisa por mim". Em suma, só agora a troca é efetivamente concretizada. Desse modo, nada pode ser mais acertado do que esta observação de J. B. Say: "Desde a introdução do dinheiro, todas as trocas se dividem em dois elementos: *venda e compra*. É a união desses dois elementos que torna completa a troca".

É preciso notar também que a constante presença do dinheiro em cada troca subverteu e desorientou todas as nossas concepções: os homens acabaram por pensar que o dinheiro era a verdadeira riqueza, e que multiplicá-lo era multiplicar serviços e produtos. Disso resultam o sistema protecionista, o papel-moeda e o célebre aforismo "o que um ganha, o outro perde"; e resultam também disso os erros que empobreceram a terra e mancharam-na de sangue. Depois de muita investigação, descobriu-se que para conferir valor equivalente aos serviços trocados e para tornar a troca *equitativa*, a melhor alternativa era permitir que fosse livre. Por mais plausível que fosse numa primeira análise a intervenção do Estado, logo se percebeu que ela é sempre opressiva para uma das partes contratantes. Quando analisamos esses assuntos, somos sempre levados a raciocinar com base na máxima de que o *valor igual* resulta da liberdade. De fato, a única maneira de saber se dois serviços têm o mesmo valor num dado momento é verificar se esses serviços podem ser trocados pronta e livremente. Permita que o Estado — que significa o mesmo que força — interfira em um ou em outro lado, e a partir desse momento todos os meios de avaliação se complicarão e se misturarão em vez de se tornarem claros. É dever do Estado impedir e sobretudo reprimir o ardil e a fraude — isto é, garantir a liberdade e não violá-la. Dediquei um pouco mais de atenção à troca, embora o empréstimo seja o meu objetivo principal: minha justificativa para isso é que no meu entender há num empréstimo uma troca real, um serviço real prestado pelo credor, o que sujeita o tomador do empréstimo a prestar um serviço equivalente: dois serviços cujo valor comparativo pode ser avaliado apenas se houver liberdade para tanto, como ocorre com a avaliação de todos os serviços possíveis. Dessa maneira se pode explicar e compreender a perfeita legitimidade do que se denomina aluguel de casa, aluguel de fazenda, juro. Vamos considerar o que está envolvido em um *juro*.

Suponha que dois homens troquem dois serviços ou dois objetos cujo valor é indiscutivelmente igual. Suponha, por exemplo, que Pedro diga a Paulo: "Dê-me dez moedas de dez centavos, e eu lhe darei um dólar de prata". Não poderíamos imaginar um valor mais indubitavelmente igual. Quando a barganha é realizada, as partes não têm direito nenhum uma sobre a outra. Os serviços trocados são iguais. Consequentemente, então, se uma das partes desejar introduzir na transação uma cláusula adicional que lhe seja vantajosa, porém desfavorável à outra parte, terá de concordar com uma segunda cláusula, que restabelecerá o equilíbrio e a lei da justiça. Negar a justiça de uma segunda cláusula de compensação seria absurdo. Uma vez concedida a cláusula, suponhamos que Pedro, depois de dizer a Paulo "Dê-me dez moedas de dez centavos, e eu lhe darei um dólar", acrescente: "Você me dará as moedas de dez centavos *agora*, e eu lhe darei o dólar de prata *daqui a um ano*". É bastante evidente que essa nova declaração altera as pretensões e as vantagens da barganha — que altera a proporção dos dois serviços. De fato, não parece bastante claro que Pedro pede a Paulo um serviço novo e adicional, um tipo de serviço diferente? É como se ele tivesse dito: "Preste-me o serviço de me permitir usar em meu próprio benefício, por um ano, o dólar que pertence a você, e que você poderia usar para si mesmo". Ora, que boa razão teríamos para afirmar que Paulo é obrigado a prestar gratuitamente esse serviço especial; que ele não tem o direito de exigir mais nada como contrapartida a essa requisição; que o Estado deveria interceder para obrigá-lo a se submeter? Não é incompreensível que o economista que prega tal doutrina ao povo possa ajustá-la ao seu princípio de *reciprocidade de serviço*? Aqui eu introduzi o dinheiro; fui levado a fazer isso pelo desejo de colocar lado a lado dois objetos de troca, de perfeita e indubitável igualdade de valor. Fiquei ansioso para preparar-me para objeções; por outro lado, porém, minha demonstração teria sido mais contundente se eu tivesse exemplificado o meu princípio usando um acordo de troca direta de serviços ou mercadorias.

Suponha agora uma casa e um navio de valor tão perfeitamente igual que os seus proprietários estão dispostos a trocá-los sem acréscimo nem abatimento. E deixam que um advogado estabeleça a troca. Na ocasião da troca, quando cada um toma posse do que é seu, o proprietário da embarcação diz ao proprietário da casa: "Bem, a transação foi completada e nada pode provar melhor a sua perfeita equidade do que o nosso consentimento livre e voluntário. Uma vez que as nossas condições foram definidas, vou propor a você uma pequena modificação de cunho prático. Você permitirá que eu tome posse da sua casa hoje, mas eu só lhe entregarei o meu navio daqui a um ano. Faço-lhe essa exigência por um motivo: pretendo usar o navio durante esse ano de *adiamento*".

Para que não fiquemos constrangidos por pensamentos relacionados à deterioração da coisa emprestada, vou supor que o dono do navio tenha acrescentado: "No final de um ano, eu me comprometo a entregar-lhe a embarcação exatamente no estado em que ela se encontra hoje". A todas as pessoas sinceras eu pergunto se o dono da casa não tem o direito de responder: "A nova cláusula que você propõe altera completamente a proporção ou a igualdade de valor dos serviços trocados. Ela me privará por um ano da minha casa e do seu navio ao mesmo tempo. Mas ela lhe permitirá fazer uso de ambos. Sem essa cláusula a barganha era justa, mas a inclusão dela me é prejudicial. Ela impõe a mim uma perda e a você lhe concede ganho. Você está exigindo de mim um novo serviço; eu tenho o direito de recusar ou de exigir-lhe um serviço equivalente a título de compensação". Se as partes concordarem com essa compensação, cujo princípio é incontestável, nós poderemos distinguir com facilidade duas negociações em uma — duas trocas de serviço em uma. Em primeiro lugar temos a troca da casa pela embarcação; depois dessa troca, há um adiamento concedido por uma das partes, e a correspondente compensação cedida pela outra parte. Esses dois novos serviços recebem os nomes genéricos e abstratos de *crédito* e *juro*. Contudo, os nomes não mudam a natureza das coisas; e eu desafio quem quer que seja a contestar que existe nesse caso, depois de concluída a transação, um serviço por um serviço, ou uma reciprocidade de serviços. Dizer que um desses serviços não afronta o outro — dizer que o primeiro deve ser prestado gratuitamente e que nisso não há injustiça — é afirmar que a injustiça reside na reciprocidade do serviço. É afirmar que há justiça quando uma das partes dá e não recebe, o que é uma contradição em termos.

Para que eu possa dar uma ideia do que sejam os juros e seus mecanismos, permitam-me recorrer a dois ou três relatos. Antes, porém, farei um breve comentário sobre capital.

3. O QUE É CAPITAL?

Algumas pessoas acreditam que capital é dinheiro, e é precisamente por esse motivo que negam a sua produtividade; pois, como dizem John Ruskin e outros, dólares não têm a capacidade de se reproduzirem. Mas não é verdade que capital e dinheiro sejam a mesma coisa.

Antes da descoberta dos metais preciosos, já existiam capitalistas no mundo; e me arrisco a dizer que naquele tempo, assim como agora, todos eram capitalistas até certo ponto.

Então, o que é o capital? Ele se compõe de três elementos:

Em primeiro lugar, dos materiais sobre os quais os homens trabalham quando esses materiais já têm um valor estipulado pelo esforço humano, o que lhes conferiu a propriedade da permutabilidade — lã, couro, linho, seda, madeira etc.

Em segundo lugar, dos instrumentos que são empregados no trabalho — ferramentas, máquinas, embarcações, carruagens etc.

Em terceiro lugar, dos meios que são consumidos durante o trabalho — víveres, tecidos, casas etc.

Sem esses elementos, o trabalho do homem seria improdutivo e quase nulo. Esses mesmos elementos, contudo, exigiram muito trabalho, sobretudo no início. É por essa razão que tanto valor foi atribuído à posse deles, e também por isso é perfeitamente legal trocá-los e vendê-los, cedê-los para uso e lucrar com eles, e obter remuneração quando emprestados. Vamos agora aos relatos.

4. A SACA DE MILHO

William, pobre como Jó e obrigado a ganhar seu pão na labuta diária, mesmo assim acabou se tornando (por meio de herança) o proprietário de um belo pedaço de terra não cultivada. William estava extremamente ansioso para cultivá-la. Ele pensava consigo mesmo: "Cavar valas, construir cercas, preparar o solo, limpar arbustos e pedras, arar, semear... isso pode garantir o meu sustento em um ou dois anos, mas não hoje, com certeza, nem amanhã. É impossível começar a cultivar essa terra sem antes reunir suprimentos para a minha subsistência até a colheita. Sei por experiência própria que o trabalho preparatório é indispensável para tornar produtivo todo esse processo".

O bom William não se limitou a refletir sobre a sua situação e logo passou dos pensamentos à ação. Resolveu economizar um pouco do salário de cada dia de trabalho para comprar uma pá e uma saca de milho, material sem o qual ele teria de desistir dos seus projetos agrícolas. Ele agiu tão bem, de maneira tão diligente e constante, que logo pôde adquirir a tão desejada saca de milho. "Terei o suficiente para o meu sustento até que o meu campo esteja coberto com uma rica colheita!" Quando William começou a trabalhar em sua terra, David apareceu e pediu emprestada a comida que ele havia acumulado. "Se você me emprestar essa saca de milho me prestará um grande serviço", disse David. "Um trabalho muito lucrativo me espera, mas não posso me dedicar a ele, porque não tenho provisões para viver até que o tenha terminado." William respondeu-lhe: "Eu me encontrava na mesma situação e, se já garanti o pão por vários meses, foi à custa de muito sacrifício. Por que eu lhe entregaria isso para que você realizasse o seu empreendimento, e eu deixasse de realizar o *meu*? Acha isso justo?".

Essa foi uma barganha demorada, mas quando chegou ao fim as condições combinadas foram as seguintes:

Primeira: David prometeu devolver, ao final de um ano, uma saca de milho da mesma qualidade e com o mesmo peso, sem faltar um único grão. "Essa primeira cláusula é perfeitamente justa", David reconheceu, "pois sem ela William não *emprestaria*, ele *daria*".

Segunda: David se comprometeu a entregar *meio alqueire de milho para cada cinco alqueires originalmente emprestados, quando o empréstimo fosse devolvido*. "Essa cláusula não é menos justa que a anterior", pensou David. "Porque, a menos que William me prestasse um serviço sem compensação, ele infligiria a si mesmo uma privação, pois renunciaria ao seu sonhado empreendimento e me permitiria alcançar meu objetivo, pois desse modo eu tiraria proveito durante um ano dos frutos das economias dele, e tudo isso gratuitamente. Considerando que ele terá de adiar o cultivo da sua terra a fim de que eu possa obter um emprego lucrativo, é muito natural deixar que ele participe, em certa medida, dos lucros que obterei mediante o sacrifício que ele faz abrindo mão do seu próprio lucro."

Por sua vez, William — que era um homem instruído — fez o seguinte cálculo: "Já que, como foi estabelecido na primeira cláusula, a saca de milho voltará para mim no final de um ano, vou poder emprestá-la novamente; depois, voltará para mim no final do segundo ano, e poderei emprestá-la mais uma vez, e continuar assim por toda a eternidade. Contudo, não posso negar que isso já terá sido comido há muito tempo".

"É um tanto estranho que eu seja dono de uma saca de milho perpetuamente, mesmo que a saca que emprestei já tenha sido consumida. Mas isso pode ser explicado assim: a saca será consumida a serviço de David. Isso permitirá que David produza um valor maior; em consequência disso, David terá condições de me devolver uma saca de milho, ou o valor dela, sem ter sofrido o menor dano — pelo contrário, tendo ganho com o uso dessa saca. Quanto a mim, esse valor deve ser minha propriedade, desde que eu mesmo não o consuma. Se eu a tivesse usado para limpar a minha terra, eu certamente a receberia de novo na forma de uma bela colheita. Em lugar disso, eu a empresto e a resgato na forma de reembolso.

"Na segunda cláusula tomo conhecimento de outra informação. No final do ano, eu me apossarei de um alqueire de milho para cada dez que eu puder emprestar. Desse modo, se eu continuasse trabalhando por dia e economizasse parte do meu salário, como já venho fazendo, com o passar do tempo eu poderia emprestar duas sacas de milho; e depois três, e depois quatro. Quando conseguir ganhar um número de sacas que me permita viver apenas com esses acréscimos de um alqueire sobre dez alqueires emprestados, então terei liberdade para repousar um pouco na minha velhice. Mas como isso se dá? Nesse caso, eu não estaria vivendo à custa dos outros? Não, claro que não, pois está provado que eu presto um serviço quando faço empréstimo; torno mais rentável o trabalho dos meus tomadores e deduzo apenas uma parte muito pequena do excedente de produção, em virtude dos meus empréstimos e minhas economias. É maravilhoso que um homem possa assim desfrutar de tempo livre sem prejudicar ninguém e sem temer ser censurado sem que haja injustiça."

5. A CASA

Thomas tinha uma casa. Ele a construiu sem extorquir nada de ninguém. Conseguiu-a por meio do seu próprio trabalho, ou — o que é a mesma coisa — por meio do trabalho de outros justamente recompensado. Sua primeira providência foi fazer uma troca com um faz-tudo, pela qual esse último se comprometeu (mediante o pagamento de cem dólares por ano) a manter a casa sempre em bom estado de conservação. Thomas já estava se vangloriando pelos dias felizes que esperava passar na aprazível casa, que segundo as nossas leis eram sua propriedade exclusiva. Porém, Richard queria usá-la também como residência.

"Como se atreve a pensar numa coisa dessas?", Thomas disse a Richard. "Quem construiu essa casa fui eu! Custou-me dez anos de trabalho árduo, e agora você aparece e quer pegá-la para desfrutar dela?" Os dois concordaram em levar o assunto aos juízes. Eles não escolheram economistas qualificados — mesmo porque não havia nenhum no país. Encontraram, contudo, alguns homens justos e sensatos, o que dava na mesma: economia política, justiça e sensatez acabam sendo a mesma coisa. E a decisão dos juízes foi a seguinte: se Richard deseja ocupar a casa de Thomas por um ano, ele terá de se submeter a três condições. A primeira é retirar-se da casa no final de um ano, devolvendo-a em bom estado de conservação, exceto pelo inevitável desgaste resultante da passagem do tempo. A segunda é devolver a Thomas os cem dólares que ele paga anualmente ao faz-tudo para a reparação dos danos causados pela ação do tempo — esses danos ocorrem enquanto Richard está usando a casa, portanto é perfeitamente justo que ele se responsabilize pelas despesas. A terceira condição é que preste a Thomas um serviço equivalente ao que recebe. Quanto ao que deve representar essa equivalência de serviços, isso é algo com que Thomas e Richard devem concordar mutuamente; a decisão será deles.

6. A PLAINA

Eis mais um exemplo para demonstrar o mesmo princípio moral. Há muito tempo, vivia num povoado pobre um carpinteiro que era filósofo, como todos os meus heróis são, à sua maneira. James trabalhava de manhã até a noite com seus braços fortes, mas isso não deixava o seu cérebro entorpecido. Ele gostava de analisar suas ações, as causas e os efeitos delas. Algumas vezes ele pensava: "Com meu machado, minha serra e meu martelo, eu só posso fazer móveis grosseiros e receber pagamento correspondente a esse trabalho. Mas se eu tivesse uma plaina, poderia agradar mais meus clientes, e eles me pagariam mais. Bem, é justo que eu receba pagamentos proporcionais àqueles que eu presto. Sim, é isso! Estou decidido: Vou fazer uma *plaina* para mim".

Entretanto, James refletiu enquanto se preparava para trabalhar: "Trabalho para os meus clientes trezentos dias por ano. Se eu precisar de dez dias para fazer minha plaina, até o final do ano só me restarão 290 dias para trabalhar em meus móveis. Mas para que eu não saia perdendo nessa situação, daqui em diante eu devo ganhar em 290 dias, com a ajuda da plaina, tanto quanto ganho agora em trezentos. Devo ganhar até mais; pois, se não for assim, não valerá a pena me arriscar em nenhuma inovação". James começou a calcular. Ele se convenceu de que deveria vender seus móveis a um preço que o reembolsasse largamente pelos dez dias dedicados à plaina; e quando já não restava mais nenhuma dúvida em sua mente a respeito desse ponto, começou a trabalhar. Repare, leitor, que o poder existente na ferramenta para aumentar a produtividade do trabalho é a base para a solução correta da experiência que o carpinteiro James se propôs a fazer.

Ao final de dez dias, James havia feito uma plaina admirável, que ele valorizava mais ainda por tê-la construído ele mesmo. Sua alegria foi imensa — pois, como a moça com sua cesta de ovos, ele calculou com antecipação todos os lucros que esperava obter com o uso do engenhoso instrumento; mas na verdade James era ainda mais afortunado que a moça, pois não estava preso à necessidade de se despedir, quando os ovos se despedaçassem, do bezerro, da vaca, do porco e também dos ovos tão desejados. James estava erguendo seus belos castelos no ar quando foi interrompido por William, um conhecido seu, carpinteiro do povoado vizinho. William ficou admirado com a plaina e se impressionou com as vantagens que ela podia conferir ao seu dono. Então disse a James:

[W.] — Você tem de me prestar um serviço.
[J.] — Que serviço?
[W.] — Emprestar-me a plaina por um ano.

Como seria de se esperar, James reagiu com espanto à proposta:

[J.] — O que o levou a pensar que eu aceitaria uma coisa dessas, William? E se eu aceitasse emprestar a ferramenta, o que você faria por mim em troca?

[W.] — Nada. Então você não sabe que John Ruskin afirma que empréstimos devem ser gratuitos? Não sabe que Proudhon e outros escritores conhecidos, bem como amigos das classes trabalhadoras, declararam que o capital é naturalmente improdutivo? Não sabe que todas as novas escolas de escritores liberais disseram que devemos criar uma fraternidade perfeita entre os homens? Se você me prestasse um serviço simplesmente por esperar que eu lhe prestasse outro serviço em troca, que mérito você teria?

[J.] — William, meu amigo, fraternidade não significa que todos os sacrifícios devem ser feitos apenas de um lado; sendo assim, não vejo por que você não teria a sua cota de sacrifício. Se um empréstimo deve ou não ser gratuito, eu não faço ideia. Mas sei que emprestar-lhe minha plaina por um ano seria a mesma coisa que dá-la a você. E, para ser sincero, eu não estou disposto a fazer isso.

[W.] — Bem, deixemos de lado os clichês inventados pelos amigos das classes trabalhadoras. Eu lhe pedi que me prestasse um serviço; que serviço você me pediria em troca?

[J.] — Em primeiro lugar, dentro de um ano a plaina estará gasta pelo uso e já não terá mais utilidade. É perfeitamente justo que você me entregue outra exatamente igual a essa ou que me dê dinheiro suficiente para que eu possa consertá-la.

[W.] — Isso é bastante justo, sem dúvida. Eu concordo com essas condições. Comprometo-me a devolvê-la, ou a lhe entregar outra igual, ou então a lhe dar o valor correspondente. Imagino que você esteja satisfeito com isso e que não tenha mais nenhuma exigência.

[J.] — Você está errado. Eu fiz a plaina para mim, não para você. Eu a fiz na expectativa de melhorar minha condição de vida, de ter mais vantagens em meus negócios, já que com uma plaina o meu trabalho ganharia acabamento melhor e seria mais bem pago. Por que motivo eu faria a plaina para que você acabasse ficando com o lucro? Eu também poderia pedir que você me desse a sua serra e a sua machadinha! Que confusão! Não é natural que cada pessoa fique com o que fez com as próprias mãos, incluindo as próprias mãos? Usar as mãos de outra pessoa sem compensação tem um nome: escravidão. E usar sem compensação a plaina de alguém — isso pode ser chamado de fraternidade?

[W.] — Mas... Eu concordei em lhe devolver a plaina no final de um ano, tão bem-polida e afiada quanto está agora.

[J.] — Não se trata do que acontecerá no ano que vem; estou pensando no que acontecerá neste ano. Eu construí a plaina para melhorar o meu trabalho e a minha situação, mas, se você apenas me devolver o instrumento em um ano, quem terá lucro com ele durante todo esse tempo será você. Não sou obrigado a lhe prestar tal serviço sem receber nada em troca; portanto, se tem interesse na minha plaina, independentemente de tudo o que já negociamos a respeito da devolução em perfeitas condições, você precisa me prestar um serviço que teremos de combinar. Você terá de me conceder uma remuneração.

E assim os dois finalmente entraram em acordo: William concedeu uma remuneração calculada de tal maneira que no final do ano James recebeu uma plaina completamente nova e ainda uma nova prancha para carpintaria, como compensação pelas vantagens das quais se privara ao emprestar a plaina ao amigo.

Seria impossível para qualquer pessoa que tomasse conhecimento dessa transação vislumbrar o mais leve indício de opressão ou injustiça.

O mais curioso nessa história é que no final do ano a plaina voltou para as mãos de James e ele a emprestou novamente, depois a resgatou e a emprestou uma terceira vez e uma quarta. O instrumento passou para as mãos do seu filho, que ainda o empresta. Pobre plaina! Quantas vezes se modificou — às vezes a lâmina, às vezes o cabo. Não é mais a mesma plaina, mas tem sempre o mesmo valor, ao menos para a posteridade de James. Mas vamos, trabalhadores, analisar mais a fundo esses pequenos relatos.

Antes de mais nada, preciso esclarecer que a *saca de milho* e a *plaina* são aqui o tipo, o modelo, uma representação fiel, o símbolo de todo capital; assim como o meio alqueire de milho e a prancha são o tipo, o modelo, a representação, o símbolo de todo juro. Dito isso, segue-se o que parece ser uma série de consequências cuja justiça é impossível questionar.

A primeira consequência: se a cessão de uma prancha para carpintaria pelo tomador do empréstimo ao credor é uma remuneração natural, equitativa, legítima — o justo preço por um serviço real —, podemos concluir que via de regra é da natureza do capital produzir juros quando emprestado ou utilizado. Quando esse capital, como vimos nos exemplos anteriores, assume a forma de um *instrumento de trabalho*, fica bastante claro que ele deve conferir uma vantagem ao seu possuidor, que dedicou a esse instrumento seu tempo, seu cérebro e suas forças. Se não fosse assim, por que ele se daria ao trabalho de produzi-lo? Nenhuma necessidade da vida pode ser satisfeita de imediato com ferramentas de trabalho; ninguém come plainas nem bebe serras, a menos que seja um mágico, é claro. Quando um homem toma a decisão de gastar seu tempo na produção desse tipo de material, é porque provavelmente foi levado a isso depois de se convencer de que esses instrumentos lhe garantiriam mais poder, economizariam o seu tempo e dariam ao seu trabalho aprimoramento e rapidez — em suma, por ter se convencido das vantagens que lhe seriam proporcionadas por tais instrumentos. Ora, seria justo se fôssemos obrigados a ceder essas vantagens — que foram obtidas por meio de trabalho, de sacrifício de um tempo que poderia ter sido empregado para outros fins — gratuitamente a outros assim que estiverem prontas para que delas desfrutemos? Seria um avanço na ordem social se a lei assim determinasse, e os cidadãos pagassem funcionários públicos para que eles fizessem cumprir tal lei por meio da força? Arrisco-me a dizer que não existe uma só pessoa entre vocês que apoie isso. Na prática, seria como legalizar, organizar, sistematizar a própria injustiça, pois se proclamaria que há homens nascidos para prestar serviços gratuitamente e outros nascidos para receber serviços gratuitamente. Há que admitir, então, que os juros são simplesmente naturais e vantajosos.

Uma segunda consequência, não menos surpreendente que a primeira — e talvez ainda mais definitiva — para a qual chamo a sua atenção é esta: os juros não são prejudiciais ao tomador de empréstimo. Ou seja, a obrigação de pagar uma remuneração pelo uso do capital (obrigação assumida pelo tomador) não pode ser-lhe prejudicial. Com efeito, deve-se observar que James e William tiveram total liberdade para decidir os caminhos da transação relacionada à plaina. Não seria possível realizar a transação sem o consentimento de ambos. O que de pior pode acontecer é James pedir demais, e William, recusando o empréstimo, continuar como estava antes. Quando concorda em receber o empréstimo, o tomador mostra que considera isso vantajoso para si próprio; mostra sem deixar dúvida que feitos os cálculos ele acredita ser mais lucrativo tomar o empréstimo do que não tomar, sejam quais forem os juros ou a remuneração exigidos dele. Ele só tomou a decisão de aceitar o negócio porque comparou as desvantagens com as vantagens. Calculou que no dia em que devolvesse a plaina, juntamente com a remuneração combinada, seu trabalho teria rendido mais com a mesma mão de obra graças a essa ferramenta. Ele lucrará também, caso contrário, não teria tomado o empréstimo. Os dois serviços de que estamos falando são trocados de acordo com a lei que controla todas as trocas — a lei da oferta e da demanda. Os pedidos de James têm um limite natural e intransponível: o ponto em que a remuneração exigida por ele anularia toda a vantagem que William obteria com o uso da plaina. Nesse caso, o empréstimo não ocorreria. William seria obrigado a fazer ele mesmo uma plaina para o seu uso ou teria de se resignar a ficar sem uma plaina e assim permaneceria como já estava antes. Ele toma emprestado porque ganha ao tomar emprestado. Sei muito bem o que me será dito: "William pode ser enganado ou talvez, levado pela necessidade, pode ver-se obrigado a submeter-se a uma lei impiedosa".

Não deixa de ser verdade. Quanto aos erros de cálculo, eles são parte da nossa natureza falha, e usar tal argumento para fazer oposição à transação em questão é contestar a possibilidade de perda em todas as negociações imagináveis, em cada ato humano. O erro é um fato acidental, remediado incessantemente pela experiência. Todos devem se prevenir contra isso. No que se refere às duras necessidades que forçam as pessoas a tomarem empréstimos em condições onerosas, é claro que tais necessidades existiam antes do empréstimo. Se William não pode ficar sem uma plaina e precisa a qualquer custo conseguir uma emprestada, que ligação essa situação tem com James e com a ferramenta que ele construiu? A situação de William não existe independentemente de James e de sua plaina? Por mais exigente e severo que James possa ser, ele jamais tornará a suposta condição de William pior do que já é. É verdade que do ponto de vista moral o credor será o culpado se exigir mais do que o justo; do ponto de vista econômico, porém, o empréstimo em si não tem nenhuma conexão com necessidades anteriores do tomador, e este não pode jamais ser responsabilizado por um problema que não criou e que pode até aliviar em certa medida. Mas isso prova um ponto do qual ainda tratarei. Evidentemente, é do interesse de William, aqui representando os tomadores de empréstimo, que haja muitos James e muitas plainas — ou seja, credores e capital. Se William puder dizer a James "Suas exigências são absurdas; não faltam plainas no mundo", não resta dúvida de que ele estará numa situação melhor do que estaria caso a plaina de James fosse a única que ele pudesse conseguir emprestada. Certamente não há máxima mais verdadeira do que esta: "Um serviço por outro serviço". Mas não nos esqueçamos de que nenhum serviço tem valor fixo e absoluto em comparação com outros. As partes contratantes são livres. Cada uma leva a sua vantagem o mais longe possível, e a circunstância mais favorável para elas é a ausência de rivalidade. Portanto, se existe uma classe mais interessada do que qualquer outra na geração, na multiplicação e na abundância de bens de capital, essa é a classe dos tomadores de empréstimo. Ora, considerando que os bens de capital só podem ser formados e aumentados pelo incentivo e pela perspectiva de remuneração, que essa classe compreenda o estrago que impõe a si mesma quando nega a legitimidade dos juros, quando proclama que o crédito deve ser gratuito, quando prega contra a pretensa tirania do capital, quando desencoraja a poupança, forçando dessa maneira o escasseamento do capital e consequentemente o aumento dos juros.

Terceira consequência. A história que acabei de relatar permite explicar esse fenômeno aparentemente condenável que se denomina duração ou perpetuidade dos juros. Depois de emprestar a sua plaina e fixar, dentro da mais perfeita legalidade, a condição de que a ferramenta lhe fosse devolvida no mesmo estado em que a havia emprestado, não é evidente que ele pode, terminado o prazo, emprestá-la novamente nas mesmas condições? Se ele decidir fazê-lo, terá a plaina de volta no final de cada ano num processo sem fim. Então James terá condições de emprestar para sempre — ou seja, ele pode obter disso juros perpétuos. Alguém dirá que a plaina estará desgastada. Isso é verdade — mas o desgaste será causado pela mão do tomador do empréstimo, e para que este tenha lucro. Esse tomador entendeu que haveria um desgaste gradual e se responsabilizou, como deveria, pelas consequências. Ele calculou que obteria dessa ferramenta uma vantagem que lhe possibilitaria restaurá-la e devolvê-la à sua condição original depois de ter obtido lucro com ela. Desde que James não use esse capital em seu próprio benefício — desde que ele renuncie às vantagens que permitem que ele seja restaurado à sua condição original —, ele terá o direito incontestável de restaurá-lo, e isso independentemente de juros.

Observe também que (como acredito ter mostrado) James não prejudicou William de modo nenhum — pelo contrário: prestou a William um serviço quando lhe emprestou a plaina por um ano. Pelo mesmo motivo, James não prejudicará um segundo, um terceiro, um quarto credor em períodos posteriores. Dessa maneira é possível entender que os juros sobre o capital são tão naturais, tão legítimos, tão úteis no milésimo ano quanto no primeiro. Podemos ir ainda mais longe. Pode ocorrer que James empreste mais do que uma única plaina. Por meio de trabalho, de poupança, de privações, de disciplina, de atividade, é possível que ele consiga emprestar muitas plainas e serras, ou seja, que preste diversos serviços.

Insisto neste ponto: se o primeiro empréstimo foi benéfico do ponto de vista social, o mesmo acontecerá com todos os outros empréstimos, pois todos são semelhantes e baseados no mesmo princípio. Então é possível que o valor de todas as remunerações recebidas por nosso honesto credor, em troca de serviços prestados por ele, seja suficiente para sustentá-lo. Nesse caso, haverá um homem no mundo que tem o direito de viver sem trabalhar. Não digo que entregar-se à ociosidade seja correto — mas afirmo que ele tem o direito de fazê-lo caso queira e, se o fizer, não será à custa de ninguém, muito pelo contrário. Se a sociedade como um todo compreender a natureza das coisas, reconhecerá que esse homem tira o seu sustento de serviços que ele certamente recebe (como todos nós), mas que recebe legitimamente em troca de outros serviços que ele próprio prestou, que continua a prestar e que são de fato serviços, uma vez que são aceitos de maneira livre e voluntária.

E temos aqui um vislumbre de uma das mais belas harmonias do mundo social. Refiro-me ao *lazer*: não ao lazer que as classes guerreiras e tirânicas obtêm para si saqueando e roubando os trabalhadores, mas sim ao lazer legítimo e puro que provém da atividade passada e da economia.

Quando me expresso assim, sei que estou contrariando muitas ideias consagradas. Mas o lazer, o tempo livre, não é uma mola essencial da máquina social? Sem ela, o mundo jamais teria um Newton, um Pascal, um Fênelon; a humanidade teria ignorado todas as artes, ciências e aquelas invenções espetaculares preparadas originalmente por investigações motivadas por mera curiosidade. O pensamento teria sido inerte — o homem não teria feito progresso algum.* Por outro lado, se o lazer só pudesse ser explicado pelo saque e pela opressão — se fosse um benefício que só pudesse ser aproveitado injustamente e a expensas de outros —, não haveria meio-termo entre esses dois males; ou a humanidade seria reduzida à necessidade de se estagnar numa vida vegetal e inerte, em eterna ignorância desde a ausência da roda até o advento da máquina, ou então teria de adquirir essas rodas ao preço de uma injustiça inevitável e obrigatoriamente apresentaria, de um modo ou de outro, o triste espetáculo da antiga classificação dos seres humanos em senhores e escravos. Desafio qualquer um a me mostrar, nesse caso, nova alternativa. Nós seríamos obrigados a contemplar o plano Divino que governa a sociedade com o pesar de pensar que há nele um abismo deplorável. O estímulo do progresso seria esquecido ou, pior ainda, esse estímulo não seria outro senão a própria injustiça. Mas Deus não deixou tal abismo em Sua obra de amor!

---

* "Entre um povo, de todos os efeitos resultantes do seu clima, dos seus alimentos e do seu solo, a acumulação de riqueza (capital) é o mais antigo e em muitos aspectos o mais importante. Pois, embora o progresso do conhecimento, com o passar do tempo, acabe acelerando o aumento da riqueza, é certo que na formação inicial da sociedade é preciso que se acumule riqueza antes que o conhecimento possa começar. Enquanto as pessoas estiverem empenhadas em reunir os materiais necessários à sua própria subsistência, não haverá lazer nem gosto por atividades mais elevadas. Contudo, se a produção for maior do que o consumo, surgirá um excedente por meio do qual os homens poderão usar o que não produziram; dessa maneira terão a oportunidade de cuidar de assuntos aos quais não podiam se dedicar em períodos anteriores, porque a pressão de suas obrigações diárias os deixava sem tempo" — *História da civilização*, de Buckle.

Temos de nos acautelar para não negligenciarmos Sua sabedoria e poder — pois aqueles cujos pensamentos imperfeitos não podem explicar a legitimidade do lazer são bastante parecidos com o astrônomo que disse que, em algum ponto do céu, deve existir um planeta que será enfim descoberto, pois sem ele o mundo celestial não é harmonia, mas sim discórdia.

Por isso, afirmo que a história da minha singela plaina, embora muito modesta, se bem compreendida, poderá nos alçar à contemplação de uma das mais consoladoras, mas menos compreendidas harmonias sociais.

Não é verdade que devemos escolher entre a recusa ou a ilegitimidade do lazer; graças ao aluguel e à sua duração natural, o lazer pode surgir do trabalho e da poupança. É uma perspectiva aprazível e que todos podem vislumbrar; uma nobre recompensa que todos podem desejar. Ele acaba de surgir no mundo; distribui-se proporcionalmente ao exercício de certos atributos; abre todos os caminhos para a inteligência; enobrece, eleva a alma; espiritualiza a alma da humanidade sem representar um fardo para os nossos irmãos cujo destino tornou necessário trabalhar duro na vida, e, além disso, alivia-os gradativamente da parte mais árdua e repugnante desse trabalho. Basta que o capital seja formado, acumulado, multiplicado; que seja emprestado em condições cada vez menos opressivas; que penetre em todos os círculos sociais e que, num avanço admirável, depois de libertar os credores do trabalho demasiado, proporcione libertação semelhante aos próprios mutuários. Para que isso ocorra, as leis e os costumes devem ser favoráveis à economia, fonte do capital. Basta dizer que a primeira de todas essas condições é não temer, nem atacar, nem negar o que é o próprio estímulo para a poupança e a razão da sua existência — o juro.

Enquanto nada for visto passando de mão em mão nas operações de empréstimo, exceto *suprimentos*, *materiais*, *ferramentas*, coisas indispensáveis à própria produtividade do trabalho, as ideias que expus até agora não encontrarão muitos opositores. Talvez eu nem mesmo seja repreendido por ter feito um grande esforço para arrombar uma porta que parecia já estar aberta. Mas assim que o dinheiro surge como objeto da transação (e é isso o que quase sempre surge), uma avalanche de objeções despenca imediatamente. E ouvimos coisas como "O dinheiro não se reproduzirá como o *milho da sua saca*; não tem serventia para o trabalho como a sua *plaina*; não oferece satisfação imediata como a sua *casa*. Por sua natureza, é incapaz de produzir juros, de se multiplicar, e a remuneração que exige é definitivamente extorsiva".

Quem não conseguiria perceber o sofisma contido nisso? Quem não vê que o dinheiro é somente um instrumento que os homens usam para representar outros *valores* ou objetos reais de uso prático, com o único objetivo de facilitar suas trocas de mercadorias ou de serviços? Em meio às complicações sociais, o homem que tem condições de emprestar raras vezes tem exatamente o que as pessoas procuram ou necessitam. James possui uma plaina, é verdade; mas William talvez queira uma serra. Então eles não podem negociar; a transação favorável aos dois não pode se realizar, e como isso se resolverá? Em primeiro lugar, James troca a sua plaina por dinheiro; ele então empresta o dinheiro para William, e William o troca por uma serra. A transação já não é mais tão simples: ela é realizada em duas transações, como já expliquei ao falar de troca. Mesmo assim, porém, a sua natureza não se modificou — esse procedimento ainda tem todos os elementos de um empréstimo direto. James abriu mão de uma ferramenta que lhe era útil; William recebeu um instrumento que ao mesmo tempo facilita o seu trabalho e aumenta os seus lucros. E há ainda um serviço prestado pelo credor, que receberá do tomador do empréstimo um serviço equivalente. Esse justo equilíbrio não é menos garantido pela livre negociação mútua. A obrigação natural óbvia de devolver no final do prazo *todo o valor* do que foi emprestado ainda constitui o princípio da legitimidade dos juros.

Ao final de um ano, diz o sr. Thoré, você encontrará um dólar a mais numa bolsa com cem dólares?

Certamente não, se o tomador de empréstimo colocar a bolsa com cem dólares numa estante. Nesse caso, nem a plaina nem o saco de milho se reproduziriam. Mas o dinheiro não é emprestado para ficar numa bolsa nem a plaina é emprestada para ser esquecida num canto. A plaina é emprestada para ser usada ou o dinheiro para se adquirir uma plaina é emprestado. E se estiver claramente demonstrado que essa ferramenta permite ao tomador obter lucros que ele não conseguiria sem ela, e se ficar provado que o credor renunciou à oportunidade de gerar para si mesmo esse lucro excedente, poderemos entender como é justo e lícito destinar ao credor uma parte desse lucro excedente.

A ignorância a respeito do verdadeiro papel que o dinheiro desempenha nas transações humanas é a origem dos erros mais fatais. Dos escritos do sr. Proudhon podemos deduzir que a observação de que os juros parecem diminuir quase na proporção direta do progresso da civilização levou-o a pensar que o crédito gratuito fosse uma consequência lógica e precisa do progresso social. De fato, em tempos bárbaros os juros são de cem por cento ou mais. Então eles caem para oitenta, sessenta, cinquenta, quarenta, vinte, dez, oito, cinco, quatro e três por cento. Chegaram a ser de dois por cento. E disso se concluiu que "à medida que a sociedade se aperfeiçoar a taxa de juros se reduzirá, até chegar por fim a zero, ou nada, quando a civilização atingir a plenitude. Em outras palavras, o que caracteriza a perfeição social é a gratuidade do crédito. Portanto, quando abolirmos os juros, teremos alcançado o último degrau do progresso". Isso não passa de sofisma; e, considerando que essa argumentação falsa — que apresenta o crédito gratuito como reflexo da perfeição social — pode ajudar a popularizar o injusto, perigoso e destrutivo dogma de que o crédito deve ser gratuito, com a permissão do leitor, examinarei brevemente esse novo aspecto da questão.

7. COMO OS JUROS SÃO REGULADOS?

O que é *juro*? É o serviço prestado, após uma negociação livre, pelo tomador de empréstimo ao credor, a título de remuneração pelo serviço que esse tomador obteve em virtude do empréstimo. Que lei estabelece a taxa desses serviços de remuneração? A lei geral que regula o equilíbrio de todos os serviços: a lei da oferta e da procura.

Quanto mais facilmente se adquire uma coisa, menor é o serviço prestado por quem a cedeu ou a emprestou. O homem que me dá um copo de água nas nascentes das montanhas não me presta um serviço tão valoroso quanto uma pessoa que me dá um copo de água no deserto do Saara. Se existem num país muitas plainas, sacas de milho ou casas, o uso deles é obtido, em igualdade de circunstâncias, em condições mais favoráveis do que se fossem poucos, pela simples razão de que o credor nesse caso presta um *serviço relativo* menor.

Não surpreende, portanto, que quanto mais abundante é o capital, menor é o juro. Isso significa que algum dia chegará a zero? Não, porque, repito, o princípio da remuneração está no empréstimo. Dizer que os juros serão eliminados é dizer que jamais haverá motivo para poupar, é dizer para nos negarmos, a fim de formar novos capitais, até mesmo a preservar os antigos. Nesse caso, a gastança geraria imediatamente um vácuo, e o juro logo reapareceria.

Nesse aspecto, a natureza dos serviços de que estamos falando não é diferente da de nenhum outro serviço. Graças ao avanço da indústria, um par de meias que costumava custar seis xelins passou a valer apenas quatro, três e dois, sucessivamente. Ninguém pode saber até que ponto esse valor cairá. Mas podemos afirmar que esse valor jamais chegará a zero, a menos que as meias se produzam de modo espontâneo. Por quê? Porque o princípio da remuneração está no trabalho; porque aquele que trabalha para outro presta um serviço e tem de receber um serviço. Se ninguém pagasse pelas meias, elas não seriam mais fabricadas; daí, com a escassez, o preço voltaria a aparecer.

O sofisma que eu agora combato tem sua origem na divisibilidade infinita que pertence ao *valor*.

À primeira vista, pode parecer paradoxal, mas todo matemático sabe bem que frações podem ser tiradas infinitamente de uma grandeza sem que essa grandeza seja aniquilada. Basta que cada fração sucessiva seja menor que a anterior, em proporção determinada e regular.

Há países em que as pessoas se dedicam a aumentar o tamanho dos cavalos ou a diminuir a medida da cabeça das ovelhas. É impossível afirmar com certeza a que resultados chegarão. Ninguém pode dizer que já tenha visto o maior cavalo do mundo nem a menor cabeça de ovelha do mundo. Mas podemos afirmar sem receio de errar que o tamanho dos cavalos nunca atingirá o infinito, nem a cabeça das ovelhas será reduzida a nada. Da mesma maneira, ninguém pode afirmar até que ponto os preços das meias cairão, nem os juros sobre o capital; porém, conhecendo a natureza das coisas, podemos afirmar com segurança que nem as meias nem os juros cairão a zero, já que trabalho e capital não podem existir sem recompensa, nem uma ovelha sem a cabeça. Os argumentos do sr. Proudhon se reduzem portanto a isto: como os fazendeiros mais hábeis são aqueles que reduziram a cabeça das ovelhas ao menor tamanho, a perfeição total será alcançada pelos criadores quando as ovelhas por fim não tiverem mais cabeça. Então basta decapitá-las, e teremos atingido a perfeição.

Essa argumentação já se tornou longa e cansativa demais. Por que um indício de falsa doutrina tornou necessário investigar a natureza inata dos juros? Não devo encerrar sem mencionar o belo princípio moral que se pode extrair desta lei: "A redução da taxa de juros é proporcional à abundância de capital". Levando-se em conta essa lei, se existe uma classe de homens para a qual é mais importante do que para qualquer outra que os estoques de capital se acumulem, multipliquem-se e se tornem abundantes e superabundantes — essa é sem dúvida a classe que toma capital emprestado direta e indiretamente. São os homens que trabalham com *materiais*, que precisam recorrer a *ferramentas*, que vivem das acumulações produzidas e mantidas por outros homens.

Imagine, num país vasto e fértil, uma população de mil habitantes destituída de todo e qualquer capital tal como definido. Essa população certamente sucumbirá pelas agonias da fome. Imagine um caso não menos cruel. Suponhamos que dez desses selvagens (pois pessoas sem capital são selvagens) recebam ferramentas e suprimentos suficientes para trabalharem e viverem até a época da colheita, bem como para remunerarem os serviços de noventa trabalhadores. O resultado inevitável disso será a morte de novecentos seres humanos. Então é evidente que com 990 pessoas impelidas pela necessidade extrema amontoando-se sobre o sustento que manteria apenas cem delas, os dez capitalistas se tornarão os senhores do mercado. Eles obterão mão de obra nas condições mais difíceis, pois a colocarão em leilão. E observe: se esses capitalistas cultivarem sentimentos tão piedosos que os levem a impor privações pessoais a si mesmos a fim de mitigar o sofrimento de alguns dos seus irmãos, essa generosidade, que está ligada à decência, será tão nobre em seu princípio quanto útil em seus efeitos. Se, porém, esses capitalistas — iludidos por essa falsa filosofia de que as pessoas desejam a todo custo e sem pensar duas vezes conviver com as leis econômicas — levarem a remuneração da mão de obra para um patamar acima do que ela vale, para além do que podem pagar, então estarão longe de praticar algo bom; na verdade, causarão mal. Talvez decidam pagar o dobro do salário. Nesse caso, 45 homens serão mais bem remunerados, ao passo que outros 45, devido à diminuição da oferta de capital, farão aumentar o número daqueles que tombarão na sepultura. Nesse cenário, não é a privação de salários a principal causadora do mal, mas sim a escassez de capital. Os baixos salários não são a causa do mal, mas o efeito do mal. Arrisco-me a acrescentar que os baixos salários são até o remédio nesse caso, até certo ponto — pois atuam distribuindo o fardo do sofrimento tanto quanto possível e salvando tantas vidas quantas permite uma quantidade limitada de alimento e amparo.

Suponha agora que, em vez de dez capitalistas, haja cem, duzentos, quinhentos deles — não é evidente que a condição de toda a população melhorará cada vez mais? Não é evidente que, afora toda a generosidade envolvida, eles contariam com mais trabalho e melhor remuneração? E assim estariam em melhores condições para acumularem capital eles mesmos, sem poderem definir limites para essa facilidade cada vez maior de construir igualdade e bem-estar? Não seria loucura para eles aceitarem e agirem segundo a verdade de doutrinas como as ensinadas por Proudhon e John Ruskin e procederem de uma maneira que escasseasse a fonte de salários e paralisasse a atividade e o estímulo da poupança? Que eles aprendam essa lição, então. As acumulações de capital são boas para quem possui esse capital — quem há de negar isso? Mas também são úteis para as pessoas que ainda não conseguiram acumular capital. Além disso, para aqueles que não têm capital é importante que outros o tenham.

Se as classes trabalhadoras conhecessem os seus verdadeiros interesses, elas se esforçariam ao máximo para buscar saber quais circunstâncias são favoráveis à poupança e quais não são, a fim de estimular as favoráveis e desestimular as demais. Essas classes simpatizariam com todas as medidas que encorajassem a rápida acumulação de capital. Seriam promotoras entusiasmadas da paz, da liberdade, da ordem, da segurança; e da unidade entre classes e pessoas, da economia, da moderação nos gastos públicos, da simplicidade na máquina do governo — porque é sob a influência de todas essas circunstâncias que a poupança realiza o seu trabalho de trazer abundância e deixá-la ao alcance das massas, convidando as pessoas a se tornarem donas do capital ao qual antes tinham acesso apenas por meio de empréstimos que contraíam em condições difíceis. As classes trabalhadoras também repeliriam com vigor o espírito guerreiro, que desvia uma parte tão grande do trabalho humano do seu verdadeiro curso; e o espírito monopolizador, que desordena a distribuição equitativa das riquezas — que somente a liberdade pode realizar. E repeliriam a infinidade de serviços públicos que atacam nossos bolsos apenas para controlar a nossa liberdade. Repeliriam, em suma, as doutrinas subversivas, detestáveis e imprudentes que sobressaltam o capital, impedem a sua formação, obrigam-no a fugir e por fim a aumentar o seu preço, com particular desvantagem para os trabalhadores que o fazem existir.

Tomemos como exemplo a revolução que causou a queda do governo da França e desestabilizou a sociedade em fevereiro de 1848. Essa não é uma dura lição? Não é evidente que a insegurança que se espalhou pelo mundo dos negócios, por um lado, e por outro o avanço das teorias fatais às quais me referi — que deixaram o âmbito dos grupos para quase invadir o território da legislatura —, não é evidente, enfim, que aumentaram as taxas de juros por toda parte? Não é evidente que a partir de então as classes trabalhadoras da França tiveram mais dificuldade para obter materiais, ferramentas e provisões, sem os quais não é possível trabalhar? Não foi isso que levou à estagnação dos negócios, e não a paralisação da indústria, que acabou ocasionando a queda dos salários? Desse modo, falta trabalho para quem precisa trabalhar, e isso é causado pelo mesmo fator que sobrecarrega com aumento de preços as mercadorias consumidas pelos trabalhadores, aumento esse motivado pela elevação dos juros. Juros altos e salários baixos significam, em outras palavras, que o mesmo artigo mantém o seu preço, mas que a remuneração do capitalista invadiu, sem lucro para ele, a do trabalhador.

Um amigo meu, encarregado de monitorar a indústria parisiense, garantiu-me que os fabricantes lhe revelaram um fato bastante surpreendente que prova, melhor do que qualquer raciocínio, a que ponto a insegurança e a incerteza prejudicam a formação do capital. Durante o período mais desesperador dessa revolução, percebeu-se que os gastos das pessoas com itens destinados a gratificação pessoal não se reduziram. Os pequenos teatros, as tabernas e as tabacarias eram tão frequentados quanto nos tempos de prosperidade. Na pesquisa, os funcionários mais qualificados explicaram tal fenômeno da seguinte maneira: "Economizar por quê? Quem sabe o que acontecerá conosco? Quem sabe se os juros não serão abolidos? Quem sabe se o Estado não se tornará um financiador universal e gratuito, destruindo todos os frutos que esperávamos de nossas economias?". Sem dúvida! Eu afirmo que, se tais ideias vigorassem durante dois anos, nossa bela França fatalmente se transformaria numa Turquia — a miséria se tornaria geral e endêmica, e sem sombra de dúvida os pobres seriam os primeiros a caírem em suas garras.

Trabalhadores! Eles falam sem parar a vocês sobre a organização *artificial* do trabalho; sabem por que fazem isso? Por ignorarem as leis da sua organização *natural* — isto é, da maravilhosa organização que resulta da liberdade. Dizem a vocês que a liberdade faz surgir o que se chama de antagonismo radical de classes; que a liberdade cria e faz chocarem-se dois interesses opostos — o dos capitalistas e o dos trabalhadores. Mas devemos começar provando que o antagonismo existe *por* uma lei da natureza, e depois seria preciso mostrar que os sistemas de intervenção são de fato superiores aos da liberdade, pois não vejo meio-termo entre liberdade e intervenção. E ainda restaria provar que a intervenção sempre beneficiará os trabalhadores e prejudicará os ricos. Definitivamente, porém, isso não existe — esse antagonismo radical, essa oposição natural de interesses, isso não existe. Não passa de um sonho maligno de imaginações corrompidas e inflamadas. Não: um plano tão deformado jamais procederia da Mente Divina. Aceitá-lo é negar logo de saída a existência de Deus. Pensem no laço harmonioso que ata as diferentes classes da sociedade umas às outras — por meio de leis sociais e porque os homens trocam entre si seus trabalhos e seus produtos! Existem os latifundiários; e o que interessa a eles? Que o solo seja fértil e o sol benéfico. E qual é o resultado? Trigo em abundância, queda em seu preço, e a vantagem se converte em lucro para aqueles que não tinham patrimônio. Existem os produtores — em que eles se concentram? Em aperfeiçoar seu trabalho, em aumentar a potência das suas máquinas, em obter matéria-prima nas melhores condições possíveis. E a que leva isso tudo? À abundância e ao baixo preço dos produtos. Ou seja: todos os esforços dos fabricantes resultam — sem que eles suspeitem disso — em lucro para o público consumidor, isto é, para cada um de vocês. O mesmo ocorre com todas as profissões. Os capitalistas não estão isentos dessa lei. Eles se mantêm muito ocupados fazendo esquemas, economizando e buscando vantagens. Isso não se discute; porém, quanto mais êxito eles alcançam, mais promovem a abundância de capital e, como consequência necessária, a redução dos juros. E quem é que ganha com a diminuição dos juros? Não é o tomador de empréstimo, em primeiro lugar, e no fim das contas aqueles que consomem as coisas que o capital ajuda a produzir?

É, portanto, indiscutível que o resultado final dos esforços de cada classe é o bem comum.

Dizem a vocês que o capital tiraniza o trabalho. Não se pode negar que cada um se empenha em tirar a maior vantagem possível de sua situação; nesse sentido, porém, realiza apenas o que está ao alcance. Ora, quando o capital é escasso, tiranizar o trabalho está muito mais ao alcance de um capitalista, porque então eles é que fazem a lei — são eles que regulam a taxa de venda. Essa tirania nunca está mais fora do alcance deles do que quando o capital e os capitalistas são abundantes, pois nesse caso é o trabalho que prevalece. Então, é preciso acabar com os ciúmes de classes, com a má vontade, com os ódios infundados e as desconfianças injustas. Essas paixões viciosas ferem aqueles que as acalentam em seu coração. Isso não é afetação de moralidade; é uma cadeia de causas e efeitos, que pode ser demonstrada com rigor, matematicamente. Satisfaz tanto o intelecto quanto os sentimentos, mas não é menos sublime por isso. Vou resumir essa dissertação com as seguintes palavras: trabalhadores, operários, classes empobrecidas e sofredoras, a sua condição vai melhorar? Luta, insurreição, ódio e erro não trarão sucesso a vocês. Mas há três coisas que sempre resultam em benefício e bênção para cada indivíduo que ajuda a produzi-las: a paz, a liberdade e a segurança.

LEIA TAMBÉM DE BASTIAT:

"UMA OBRA CLÁSSICA PARA VOCÊ ENTENDER O BRASIL DE HOJE!"

Este livro foi escrito num período da história quando algumas das mais proeminentes nações do mundo experimentavam visões de governos próximas às socialistas, que na teoria prometiam igualdade e prosperidade, mas, na prática, resultaram no exato oposto. Como essas visões ainda acalentam o sonho de muitas pessoas, tal análise continua tão pertinente como foi há 166 anos.

A Lei – Porque a esquerda não funciona, traz uma reflexão prática sobre ideias de filósofos e outros pensadores acerca da política e da vida em sociedade, dentre eles John Locke e Adam Smith, e trata de temas como liberdade, direitos à propriedade, espoliação, igualdade, livre iniciativa, impostos, democracia, sufrágio universal, autoritarismo e tantos outros que, passados quase dois séculos, ainda provocam debates acalorados.